青春健康案例汇编

悦享青春

主编 唐琼 杨瑜麟

少年心事谁知
「青春健康」解惑
坦然谈性，真诚交心
与少年一起走进青春期

上海科学技术出版社

图书在版编目（CIP）数据

青春健康案例汇编. 悦享青春 / 唐琼，杨瑜麟主编.
上海 : 上海科学技术出版社，2025.3.（2025.9重印）
-- ISBN 978-7-5478-7030-3

Ⅰ. G479

中国国家版本馆CIP数据核字第2025YD7591号

青春健康案例汇编：悦享青春
主编　唐　琼　杨瑜麟

上海世纪出版（集团）有限公司　出版、发行
上海科学技术出版社
（上海市闵行区号景路159弄A座9F-10F）
邮政编码201101　www.sstp.cn
江阴金马印刷有限公司印刷
开本 890×1240　1/32　印张 4.75
字数 108千字
2025年3月第1版　2025年9月第2次印刷
ISBN 978-7-5478-7030-3 / R·3197
定价：58.00元

本书如有缺页、错装或坏损等严重质量问题，请向印刷厂联系调换

编委会

主　　编　　唐　琼　杨瑜麟
副 主 编　　周晓伟　白　云
编　　委　（按姓氏笔画排序）
　　　　　　　杜　莉　李　琳　杨旭涵
　　　　　　　何晓英　季　卫　周永立
　　　　　　　颜苏勤

作　者

王　悦　中国计划生育协会"青春健康"师资
白　云　中国计划生育协会"青春健康"师资
庄　蕾　中国计划生育协会"青春健康"师资
汪　烨　中国计划生育协会"青春健康"师资
李　琳　中国计划生育协会"青春健康"师资
郭芸綮　中国计划生育协会"青春健康"师资
盛叶华　中国计划生育协会"青春健康"师资
强丽君　中国计划生育协会"青春健康"师资
王者兴　上海市计划生育协会"青春健康"师资
王　娟　上海市计划生育协会"青春健康"师资
叶　沁　上海市计划生育协会"青春健康"师资
刘　洋　上海市计划生育协会"青春健康"师资
许红兵　上海市计划生育协会"青春健康"师资
张进学　上海市计划生育协会"青春健康"师资
张月华　上海市计划生育协会"青春健康"师资
苏旬艳　上海市计划生育协会"青春健康"师资
余晓婷　上海市计划生育协会"青春健康"师资
汤碧华　上海市计划生育协会"青春健康"师资
陈丽君　上海市计划生育协会"青春健康"师资

钱婷婷	上海市计划生育协会"青春健康"师资
蒋　斐	上海市计划生育协会"青春健康"师资
谢　嫣	上海市计划生育协会"青春健康"师资
王一浩	中国计划生育协会青年理事、海军军医大学第二附属医院医学心理科
仇晓艳	上海市儿童医院儿童保健暨发育行为儿科
江文庆	上海市精神卫生中心儿少科
陈毓姣	上海市阳光社区青少年事务中心
陈　静	育见爱性教育
张　燕	上海市阳光社区青少年事务中心
张辰佳	上海市阳光社区青少年事务中心
周祥俊	上海市长宁区新泾镇社区卫生服务中心
唐　琼	上海市计划生育协会
徐　梅	上海市心理学会青春期与性心理教育工作委员会
顾春柳	上海市阳光社区青少年事务中心
蒋薇美	上海市德育研究协会青春期专业委员会
崔民彦	全球儿童安全组织（中国）
颜苏勤	上海市心理学会青春期与性心理教育工作委员会
潘　祎	上海市阳光社区青少年事务中心

插　画

洪莉菁　上海市胸科医院

前言

青春，是人生中充满活力、激情与挑战的时期。随着社会的快速发展和竞争的日益激烈，在生理与心理都急速变化的青春期，青少年面临着越来越多的压力和挑战，而性与生殖健康又是家长与青少年绕不过去的话题。我们编辑青春健康系列案例集，希望能为青少年描述青春期会发生什么，帮助家长了解正在发生什么、该如何面对和解决，共同促进青少年健康与发展。

青少年性与生殖健康教育，规划明确、法律保护、社会关注

生殖健康是全民健康的基石，世界卫生组织（WHO）将其作为衡量人的健康的关键要素。鉴于其对人类发展的重要性，2000 年联合国将生殖健康纳入千年发展目标（MDG），2015 年又将其纳入联合国可持续发展目标（SDG），要求到 2030 年确保普及性健康和生殖健康保健服务，确保两性地位的平等。"人人享有生殖健康"已成为世界各国可持续发展战略和国家治理的重要内容，是我国实施健

康中国战略、促进人口长期均衡发展和家庭和谐幸福的必然要求。

《"健康中国2030"规划纲要》提出,"以青少年等人群为重点,开展性道德、性健康和性安全宣传教育和干预,加强对性传播高危行为人群的综合干预,减少意外妊娠和性相关疾病传播。"由国家卫生健康委办公厅、教育部办公厅、中国计生协联合下发的《生殖健康促进行动方案(2023—2025)》也明确提出,"加强青少年人群的生殖健康教育,推进青春健康工作提质扩面。到2025年街镇级青春健康工作实现全覆盖。"

2022年,上海市计生协委托专业机构开展的《上海市青少年性与生殖健康知信行调查》结果显示,虽然随着年龄增长,高中生性与生殖健康知识水平略高于初中生,但两者在认知不足方面依旧存在共性,对基本生理卫生知识、青春期发育知识缺乏了解,对艾滋病传播途径及其预防缺乏正确认识,对涉及生殖器官和避孕等敏感字眼的知识了解得更少。中学生对月经、遗精缺乏必要的了解和心理准备,不了解自己的身体变化和性成熟过程,导致在面对生理问题时感到困惑甚至恐惧,进而容易出现心理健康问题。家庭教育是中学生获取性与生殖健康知识的重要来源,但发挥的作用并未满足中学生的需求。

青春健康,我们正在做的努力

上海市计生协自2000年起加入中国计生协青春健康国际合作项目。青春健康项目旨在帮助青少年掌握必要的性与生殖健康知识、态度和技能,树立正确的人生观和价值观,引导青少年做安全、健康、负责任的决定,从而减少非意愿妊娠和降低人工流产,预防性病、艾滋病；强化尊重、平等的社会性别意识，减少性别暴力，促进青少年健康成长，促进家庭幸福、社会和谐。

多年来，全市各级计生协以10～24岁社区青少年和流动人口未婚青年及其家长为主要目标人群，以参与式培训为基本模式，采用青少年喜闻乐见的小组讨论、游戏互动、角色扮演等培训方法，潜移默化地传播科学的性与生殖健康知识和生活必备技能，帮助家长学习和梳理性与生殖健康和亲子沟通的基本知识技能。2020年以来，受益青少年及家长逾25万人次。

这本案例集，经历了什么

在多年的参与式活动中，我们培养了一支优秀的青春健康主持人队伍，他们不仅通过活动传播科学的性与生殖健康知识和生活必备技能，更是将咨询服务延伸到活动外，针对特别需求和个体差异，给予青少年和家长更精准的支持，帮助青少年和家长坦然面对成长过程中的各种挑战。

自2020年以来，上海市计生协收集整理青春健康核心师资在实践中遇到的典型案例，邀请专家解读，给予青少年及家长更有效、更有针对性的解读和反馈，在《大众医学》杂志上开设"青春健康"专栏，提升科普服务的可及性。5年来，我们关注青少年生理发育、心理变化，我们关注家长和青少年之间的沟通方式、多胎家庭的亲子关系，我们关注电子烟、网络成瘾等青少年群体中出现的新问题。5年后的今天，我们希望将这些内容结集成册，帮助青少年和家长更方便梳理青春期的困惑、疑虑，并找到对应的解决方案。

在此过程中，上海市计生协与上海市妇幼保健中心发挥自身网络和资源作用，积极整合人才智库资源和青春健康案例储备，合作编印出版青少年可接受、新媒体可传播、师资可使用的系列青春健康案例集。《青春健康案例汇编：悦享青春》分为"悦纳自我""青春期行为""亲子沟通"和"社交与安全"四个章节，我们希望阅读此案例集的青少年能看到自我、感受自我、悦纳自我，家长能感受青春、理解青春、共同成长，师资能收获经验、收获启发、提升能力。

我们衷心感谢多年来《大众医学》杂志编辑部的支持，感谢同济大学附属妇产科医院计划生育科何晓英主任及其团队、上海市心理学会青春期与性心理教育工作委员会颜苏勤和徐梅老师的专业帮助，感谢上海市阳光社区青少年事务中心的案例整理及方案提供，感谢青春健康专家许洁霜、邹世恩、崔民彦老师，国家级和市级青春健康师资王悦、盛叶华、庄蕾、郭芸縈、强丽君、汪烨等撰写的精彩文章。感谢在案例集整理、编辑、校对中无私奉献的每一位青春健康同行者。

借此案例集出版之际，向多年来用自己青春和热血投入到青春健康这项事业中的专家、师资、志愿者们表示衷心的感谢！这里是青少年的故事，也是我们和青少年及家长一同相伴走过这段旅程的故事。

唐 琼

2025 年 3 月

第一章
悦纳自我

爱照镜子的花季少女 /2
培养孩子的自信 /5
从"我很失败"到"我能行" /8
在逆境中燃起希望 /10
帮青春期孩子消除孤独感 /13
别让"性别偏见"限制了自己 /16

第二章
青春期行为

青春期行为6大特点 /20
帮青春期孩子稳定情绪 /23
莫让"白熊"效应助长考试焦虑 /26
有学霸潜力,为何成绩平平 /28
狂热的追星小"粉丝" /32
深受起哄、配对困扰的男生 /35
情窦初开,却被"棒打鸳鸯" /38
对青少年"恋爱","堵"还是"疏" /41
青春的问号 /44
面对青春期的"冲动" /47
女儿说,她喜欢上一个女生…… /50
警惕!青少年应远离电子烟危害 /53
守护青春,远离毒品 /57

第三章
亲子沟通

走进初中生的心 /62

倾听"成长"的声音 /65
谈"手机"色变，是谁的错 /68
掌控青春期的"情绪风暴" /71
冲突不断的三口之家 /74
二宝出生，引发父子"战争" /77
父亲爱女儿，要学会"避嫌" /80
重组家庭的孩子，需要更多关注 /83
怎样与孩子谈性 /85
与青春期的孩子谈谈性 /88
别让青春期异性交往"秒杀"亲子关系 /91
不能说的秘密 /94
邻居叔叔的性骚扰 /97

第四章

社交与安全

孩子，别盲从"同伴压力" /100
青春期的朋友去哪儿了 /103
在社会交往中，学习自我保护 /107
来自同学的冷落和辱骂 /110
孩子被欺负，家长怎么办 /113
欺负人的孩子，也有"伤痛" /116
吸引初中生的"烟圈" /119
青少年"举杯"须谨慎 /122
让孩子远离网络色情 /125
性骚扰离我们有多远 /128
"穿上防护服"，预防儿童性侵犯 /131
网络交友，请保护好自己 /135

第一章

悦纳自我

青春健康案例汇编：悦享青春

爱照镜子的花季少女

> **青春故事**
>
> 13岁的花季少女莉莉平时活泼开朗，最近却变得心事重重。在她眼里，其他女孩都长得漂漂亮亮的，身材苗条，而自己又胖又丑，一点都不好看。只要一有空，她就把小镜子拿出来，对着镜中的自己仔细端详一番。她发现自己的五官都不甚理想：眼睛太小，嘴巴太大……心中泛起一阵阵的惆怅……
>
> 莉莉的妈妈对女儿的行为十分不理解，有时会气急败坏地说："别照了，这样有什么用，快去学习！"听着妈妈的话，莉莉心里就更不是滋味了。

"体像烦恼"，青春期多见

其实，像莉莉这样的烦恼在青春期孩子身上并不少见，叫"体像烦恼"。处于青春期的孩子，自我意识迅速发展，更加关注自我形象和自身评价。随着身体的明显变化，多数青少年都希望有理想的外貌，当发现现实与理想的差距时，会产生焦虑和烦恼，导致缺陷

第一章 悦纳自我

感、自卑感。男孩总忧虑自己不够高大,女孩最怕发胖。

帮孩子悦纳自己,增强自信

父母如何帮助孩子消除体像烦恼呢?关键要让孩子学会悦纳自己,建立良好的"自我意象"。

第一,父母应帮助孩子全面、正确地看待美。因为青少年的审美能力尚未健全,所以才过分追求外表的完美,父母可以通过童话故事或现实生活中的人物,问孩子"谁最受欢迎",来启发孩子发现"内在美更重要"。同时,父母应该让孩子接触各种各样美好的风景或事物,引导孩子领悟到美是多种多样的、不拘一格的,帮助孩子树立现代的审美观,即美是自然的,气质美高于相貌美,精神美高于物质美,气质与精神都与人的文化修养密切相关。

第二,父母应称赞孩子的特点,引导孩子全面、积极地评价自己,增强自信。家长在百忙中一定要抽点时间,给予孩子赞赏与鼓励,一起帮她细数"成功的脚印"。家长还要学会发现孩子的特点。每个孩子都是有特点的,而"特点"既可以成为"优点",也可能成为"缺点";可以使人自信,也可能让人自卑。父母应肯定、欣赏孩子的每一个特点,如游戏玩得特别溜、乒乓球打得特别好等等,让孩子的特点真正成为"亮点",从而使孩子自发地将对外貌的过分关注转移到自身素养的培养和提高。一旦父母发现了孩子的优点和特点,孩子也就发现了自己的"亮点",自信就是这样一点一滴培养起来的。此外,家长不妨多带孩子出去玩玩,开阔心胸,发展多项爱好,不至于一个人闷在家里,将注意力和精神集中在自己的外貌上"打转转"。许多苦恼都是人们作茧自缚,在无尽的想象中"制造"

出来的。

第三，父母可引导孩子阅读名人传记，也可以和孩子一起阅读，让孩子从名人身上汲取悦纳自己的力量。例如，著名影星索菲亚·罗兰是一个私生女，她在第一次试镜时就失败了，所有摄影师都说她达不到美人的标准，抱怨她的鼻子和臀部。索菲亚·罗兰却坚信："世界上的美为什么非要一个样呢？"她认为，正是这些"缺陷"让她更有特点，更与众不同。最终，她获得了成功。相信这类悦纳自己的座右铭对孩子是有启发的。

（蒋斐）

第一章 悦纳自我

培养孩子的自信

青春故事

"我的成绩小时候还行,但现在不如我意。因为成绩问题,我常被父母批评,甚至还遭受妹妹的嘲笑。我很自卑,面对考试,焦虑、紧张、没信心。"这是晓蕾的一段自述。晓蕾的母亲患有精神疾病,长期服药,时常发病。父亲为了生活奔波忙碌,还得照顾母亲和家庭。晓蕾有个双胞胎妹妹,两人均就读于某中学。晓蕾平时学习较努力,但成绩一直不理想,英语是短板。对于停滞不前的成绩,她心灰意冷,甚至质疑自己的能力,渐渐颓废,在课堂上一副无精打采的样子,注意力不集中,有时还会干扰同学上课。为此,老师与家长取得联系,进行过沟通,但家长未引起重视。

长期受自卑、羞怯、焦虑等负面因素的影响,晓蕾心理负担过重,不能正确评价自己的能力,陷入恶性循环,即使在成功面前也感受不到喜悦。同时,她内心十分孤单和无助,希望父母多关心自己,渴望得到父母公平的爱或者比妹妹更多的爱,但往往事与愿违。这些都是晓蕾出现问题的原因。

剖析自卑根源,合力重建自信

我与晓蕾通过一次次聊天,建起了友谊的桥梁。我们聊到家庭成员,他们的工作、性格及其关系,对他们的看法,等等;我们聊到换位思考,学会理解他人,从不同角度感受父母的爱。通过聊天,我帮助晓蕾认识到家对自己的重要性,感觉到家的温暖,使她对家人有信心,对自己有信心,最重要的是纠正她认为父母不爱自己的观点。与此同时,我也协助晓蕾分析自己、确定目标、制定计划,并通过相关奖励机制提升兴趣和动力。

在课堂上,老师时常关注晓蕾的情况,及时对她的表现进行评价和表扬;批改作业时,老师将她表现比较好的地方写下来。因此,晓蕾慢慢产生出自豪感,提升了学习的信心。

晓蕾的自卑大部分来自家庭。我与老师沟通后,请来了家长,详细分析了晓蕾在校的表现情况及原因,同时也把她内心的想法告知家长。通过与家长的交流,我们商量出减轻孩子不良情绪的办法,提出一些建议,比如:改变以往的打骂式教育,尽可能多给晓蕾一点爱和关心,使她从内心改变父母对自己不关心、不认可、不公平的结论,打开孩子的心结;找准家庭教育的"发力点",在学习和生活方面做好监督、督促和鼓励,使孩子感受到父母的重视。

通过多方联动开展的关爱辅导,一段时间后,晓蕾不但学习成绩有所提高,而且下课能主动与同学交往,家庭作业基本上都能按时完成,心情也开朗了不少。家长反映,晓蕾在家学习主动了,还

第一章 悦纳自我

帮着做家务，变化很大。

肯定和鼓励，孩子自信的来源

当一个人感到困扰、非常消极时，可能会忽略好的方面，放大失败之处。得到别人的肯定、鼓励和欣赏，是一个正强化的过程，能使人感受到生活中的美好，减少消极情绪。每一个平凡的小人物，一生都是在平凡的小事中度过，很少有鲜花和掌声的衬托，但每个人都需要在他人的肯定和鼓励中建立自信，发展兴趣，坚定方向。一句不经意的赞许，可能会为他人带来"成功"的喜悦，也很可能成为一个人改变的起点。

每个人都希望被别人肯定，没有谁喜欢被否定，从小就被否定的人可能一生都在证明自己，寻求他人的肯定。因此，家长不要吝啬你的肯定和认可，一句鼓励、一个拥抱，哪怕仅仅是一个微笑，都能让孩子感到温暖。如果说信心是成功的阶梯，那么家的温暖、亲人的爱则是信心的源头。

教育孩子，父母需要付出心血和耐心。而这个过程，往往也是父母不断学习、自我成长的过程。有句话说：家长好一分，孩子好十分。和孩子一起进步成长，努力成为更好的父母，才能培养出更好的孩子。

（张燕）

青春健康案例汇编：悦享青春

从"我很失败"到"我能行"

青春故事

小嘉满怀憧憬地进入心仪的高中，却发生了一些意想不到的事。她信心满满地参加班干部竞选，结果落选了；参加学校联欢会，诗朗诵时忘词了；就连她最擅长的数学，考试成绩也呈断崖式下降。小嘉很失落，觉得自己是一个失败者。班主任劝她不要沮丧，只要继续努力，一定会成功的，但小嘉依然提不起精神。

推翻"失败"结论，盘点"高光"时刻

垂头丧气的小嘉来到心理辅导室求助。她详细说了最近发生的几件事，感觉自己很失败，是个没用的人，让老师和家长失望了。她认为，自己和别人的差距太大，就算再努力，也没有用。

心理老师引导小嘉分析自己"失败"的原因。小嘉认为，竞选失败是因为自己人际关系太差。心理老师了解情况后发现，由于小嘉是外区考生，班级里的同学对她还不太了解。另外，诗朗诵忘词也不是因为小嘉所说的"胆子小"，而是后台临时更换了配乐版本，使她乱

了阵脚；数学月考成绩虽然刚刚及格，但也达到了班级平均分。

帮助小嘉找到推翻"很失败"的几个证据后，心理老师又让她想想进入高中以来出现过的"高光"时刻。小嘉开始说"想不出来"，心理老师鼓励她，哪怕说一点点也好。小嘉欣喜地想起自己的作文被当作范文，同桌夸自己的字写得漂亮，妈妈说自己是家里的好帮手，等等。对小嘉而言，这些证据都说明"我能行""我不是失败者"。她终于露出了自信的微笑。

用情绪ABC理论，改变不合理想法或信念

小嘉在竞选失利、表演失败、考试不理想事件发生后，觉得自己是个失败者，经过心理老师的辅导，她改变了这种不合理想法，由"我很失败"转变为"我能行"。

美国心理学家埃利斯提出了情绪ABC理论。A代表激发事件，B代表由个体对激发事件（A）的认知和评价而产生的想法或信念，C代表个体产生的情绪和行为结果。该理论认为，个体的情绪和行为结果（C），不是事件（A）直接引发的，而是对这一事件的认知和评价所产生的想法或信念（B）引起的。

班主任老师在帮助小嘉的过程中，聚焦于发生的事件（A），而没有关注小嘉的不合理想法（B），所以无法帮助小嘉从"失败"中走出来。心理老师运用了情绪ABC理论，调整了小嘉的不合理想法，帮助小嘉走出了失败的阴影。

青少年产生不良情绪，多数是由不合理想法或信念导致的，老师和家长可以运用情绪ABC理论，帮助他们通过改变不合理想法或信念，拥有积极情绪。

（颜苏勤　徐梅）

青春健康案例汇编：悦享青春

在逆境中燃起希望

青春故事

小何13岁，8个月大时便经历了人生的巨大变故：一场车祸后，母亲离世，父亲身受重伤，生活无法自理。前年，父亲因病离世，更是给他沉痛的打击。小何由祖父母抚养长大，祖父母虽然尽力在物质生活上给予他关怀，但由于年龄和文化程度的限制，他们在教育上难以进行有效的监督和指导。因此，小何学习成绩并不理想，学习习惯也较差。更令人担忧的是，由于家庭环境的限制和沟通的缺失，小何逐渐变得内向，缺乏自信，很少与同龄人交往。

耐心开导，帮孩子敞开心扉

我通过定期家访，运用会谈技巧如倾听、支持、同理和专注，与小何建立了深入的交流，提供了陪伴和支持。起初，由于家庭状况的敏感性，小何表现得较为封闭，不愿意过多分享。在我的耐心开导和鼓励下，他逐渐敞开心扉，勇敢地面对困境，逐渐展现出自

第一章 悦纳自我

信和阳光的一面。

引导家长,给孩子提供支持

我特别关注小何家庭内部的沟通与关系建设,不仅向他祖父母传授科学养育知识,还着重指导他们如何更好地理解和满足孩子的心理需求。通过角色扮演、情景模拟等互动环节,我帮助祖父母更新教育观念,掌握隔代教育的有效方法,使他们能在孩子的成长过程中发挥更加积极的支持作用。渐渐地,祖父母开始从小何的视角出发,尝试理解他的感受和需求。他们学会了倾听、尊重与真诚交流,逐渐与孩子建立起情感纽带。这种家庭氛围的转变,为小何的健康成长提供了有力支持。

参与活动,多与同龄人交流

为了让小何更好地融入社会,我经常邀请他参与各种由社工组织的活动。通过这些活动,小何得以与其他孩子进行互动和游戏,逐渐建立起了自信心。如今,小何已从失去双亲的阴霾中逐渐走出,变得乐观和自信。他经常主动与社工打招呼,分享家中和学校里的趣事;他与祖父母之间的关系有所缓和,交流变得频繁和融洽;他的学习成绩也有了一定的提升,正在逐渐养成良好的学习和生活习惯。为了巩固和维持这一积极变化,我始终密切关注他的生活和学习状况,通过不定期的电话访谈和家访了解他的近况,帮助他的爷爷奶奶营造温馨、和谐、有利于成长的家庭环境。

儿童问题背后，有共性

儿童的问题虽然各有特点，但透过现象看本质，我们会发现其中往往存在着一些共性。比如：家庭经济困难可能导致儿童教育资源匮乏，家庭关系紧张可能让儿童承受巨大的心理压力，而家庭成员的忽视和缺乏沟通，则可能让儿童感到孤独和无助。面对这些问题，社工需要运用专业的知识和技能，从儿童自身、家庭环境及两者之间的互动等多个维度出发，开展有针对性的社会工作服务。

（陈毓姣）

第一章 悦纳自我

帮青春期孩子消除孤独感

> **青春故事**
>
> 八年级学生小涵自从上初中后,心中常有一股说不出的孤独感,讨厌同伴的嬉笑玩耍,对老师和家长的唠叨感到烦躁,对许多新鲜事物感到无趣。他觉得自己失去了小时候的天真活泼、无忧无虑,多了一份冷漠,虽然渴望冲破这种孤独感,但又不知道该怎么办。

生活中,每个人都有感到孤独的时候。青春期的孩子正处于身心发育、成长变化的时期,常常会因为遭到家长或老师批评、与朋友闹别扭、受到同学们冷嘲热讽或冷落而情绪低落,与周围人有一些疏离感,甚至对同伴、师长产生较强烈的抗拒感。即使是学习成绩优异的孩子,也可能"不合群",有一种"高处不胜寒"的感觉。青少年经常体验到比较强烈的孤独感或长时间处于孤独的氛围中,容易造成心理伤害,引发躯体疾病,家长要重视并帮助孩子克服和摆脱。

鼓励孩子自尊自信

每个孩子都是独一无二的,父母要尽量了解孩子的真实想法和感受,给予尊重和理解,鼓励孩子大胆发表意见、积极表现自我,培养其思考能力、自我管理能力和责任感。即使孩子的生活目标、兴趣爱好、交友态度、个人习惯、穿着打扮等方面与父母不一致,父母也不要粗暴地加以干涉和训斥,而要积极倾听孩子的想法,耐心地给予指导,平等地与其共同探讨"共赢"的解决方案,让孩子感到被尊重和信任。

引导孩子结交朋友

每个人都向往与人交往,渴望被人认可。有的孩子虽然很想交朋友,但因为怕别人不理睬,怕被人笑话,怕看错人、交错朋友,而"形单影只",时常感到孤独。孩子能否以豁达、自尊、自信的态度与人交往,在很大程度上受父母对其态度的影响。父母要鼓励孩子积极主动地结交朋友,引导孩子真诚待人并学会解决人际交往中出现的问题。

丰富孩子的课外生活

丰富多彩的课外生活有助于排除孤独感,父母可以根据实际情况给孩子安排多种课外活动。比如:经常与大自然亲密接触,游览名山大川,观赏花鸟虫鱼,会使人感到心旷神怡、心胸开阔;博览群书能开拓人的眼界,丰富人的精神世界,使人懂得为人处世的道理;培养多种兴趣爱好,在音乐、体育、艺术、美术等多种活动中陶冶情操、强健体魄、增加乐趣、锤炼意志;等等。

教育孩子宽以待人

人是立体的、多面的,每个人既有长处和优点,也有不足和缺点。父母要让孩子在生活中感受到这一点,引导孩子宽以待人、严以律己,善于发现他人的长处和优势,包容他人的短处和不足;在一些非原则性的事情上,相互理解,换位思考;在别人指出自己缺点时虚心接受,并愿意自我反省和改正,与朋友和同学们共同成长进步。这样,孩子会有越来越多的朋友,也就不会感到孤独。

(蒋薇美)

别让"性别偏见"限制了自己

青春故事

"妈妈,你有自己的'爱豆'吗?是什么样的?"9岁的儿子突然转向一旁刷剧的我问道。

"我的'爱豆'啊,阳光帅气、漂亮温柔、充满活力,还有责任感。"

"妈妈,你的'爱豆'是男生还是女生啊?你说的是同一个人吗?"儿子狐疑地盯着我。

"当然是同一个人啦!一个人怎么不能又帅气又温柔呢?难道漂亮的就只有女生,有责任感只可以是男生吗?那你说说你自己是什么样。"

儿子转了转眼珠,想了半天没好意思张口。

"那我来说说,你听听这是不是你。你敏感,爱哭,内向,有点害羞吧?"

儿子不服:"你说的是我小时候,现在的我勇敢、独立、爱冒险……"

是啊,我的孩子,你已经到了青春期,在这个生理发育急剧变化,同时又开始对社会性别形成观念的重要时期,我想跟你聊聊对自己和他人的认知。

第一章 悦纳自我

性别偏见，可能限制人的发展

都说男孩要有男孩样，女孩要有女孩样，那男孩女孩到底是个什么样呢？有人说：男孩要勇敢坚强，不能动不动就哭，不然跟个女孩似的；女孩要文静温柔，不能跟男孩子似的野，淑女才惹人喜爱。

男女两性各自典型的特征与行为，称为性别气质（男性气质、女性气质）。这些气质，有的是与生俱来的，有的是后天习得的，既稳定又可变。过分夸大或固化性别气质的差异，就会形成"性别刻板印象"（性别偏见），限制人的发展。生活中，婚恋、生育、性行为、夫妻关系、性别认同等方面的刻板印象时刻影响着我们。例如，"男大当婚女大当嫁""男主外女主内"等固化的观念，可能限制人们的行动，影响兴趣和能力的发展。

男孩化、女孩化，不如多元化

不同时代赋予青少年们不同的责任。在信息化快速发展的现代，越来越多的青少年意识到：跳出刻板印象，融合男性气质和女性气质的优势，个体的独立性、创造性及社会适应能力都将得到最佳发展。

在接受教育、职业选择、岗位竞聘、择偶婚恋等方面，性别刻板印象影响着发展机会，进而影响着人们的自尊心和安全感。以前，人们觉得女孩子不用读太多书，因为早晚都要嫁人，嫁了人就得在家伺候公婆、丈夫，生儿育女。现在看来，无论男女，通过接受更多教育可以获得更多职业选择，从而改善生活条件，得到更多社会认同。几乎所有男人能做的事，女人都可以做；女人能做的事，男人也都可以做。打破性别刻板印象，才能给自己和他人以更广阔的发展空间。

人与人之间既有相似之处，又有差异，多样化无处不在。每个人都有权利选择自己的生活，每个人都应该被尊重并保持自己的尊严。青少年应该建立尊重、平等的社会性别意识，克服刻板印象，将别人口中的"你应该"换成"我可以"：我可以勇敢，也可以懦弱；我可以坚持，也可以休息一下再继续……尊重他人的不同，学习别人的长处，别让性别偏见限制了自己。

（汪烨）

第二章

青春期行为

青春期行为6大特点

> **青春故事**
>
> 小易从小阳光开朗、通情达理、情绪稳定,从不像有的孩子那样无理取闹、胡搅蛮缠,多年来妈妈一直觉得带儿子很省心。可小易上初中后,逐渐变得沉默寡言,放学回到家就关上房门,不让父母进他的房间,经常对妈妈的关心很不耐烦,"顶嘴"是家常便饭,有时还因为一些小事大发雷霆。妈妈觉得儿子像变了个人似的,有时忍不住指责几句,但这样不仅压制不住儿子的反抗情绪,反而还会将冲突升级。

对家长而言,与进入青春期的孩子维持良好的亲子关系,这是一种挑战。家长需要学习,了解这一阶段孩子的行为特点,这样才能更好地理解孩子。

特点1:情绪体验强烈,喜怒无常

进入青春期的孩子对情绪的体验更加强烈。他们会因一次成功

第二章 青春期行为

而兴奋不已，也会因微不足道的错误而意志消沉，还可能因小小的不公而愤愤不平。这些强烈的情感体验让他们显得喜怒无常。他们与这些不同的情绪"相处"，从中学习，并且逐渐学会情绪调节。不过，当孩子出现强烈而持续的痛苦感，有自伤的念头或行为时，家长要及时关注这些情绪，与其沟通并妥善处理。

特点2：思维积极、活跃，喜欢辩论

青春期孩子的大脑逐渐发育完善，他们的思维更加积极、活跃，有能力进行更加理智、抽象的思考，这些是积极的表现。有些青少年因此而更喜欢辩论，对身边的事物带有批判性的眼光，容易固执己见，也属于正常行为。但当孩子对社会规则产生固执的质疑，故意找"权威人士（家长、老师）"麻烦时，家长就要注意其是否存在异常言行。

特点3：在外"精致"，在家"邋遢"

青春期孩子的自我意识逐渐增强，外出时比较注重外表，在家中却显得懒散、邋遢，疏于自我照料和环境管理。这一点往往成为亲子冲突的起点。实际上，这种对内的懒散和凌乱与对"外"所表现的积极、注重形象并不矛盾，家长需要理解、接纳和引导。只有当孩子的懒散严重影响学习和生活时，如迟到、无法完成作业、房间一片狼藉，甚至把食物放到发霉了，家长就需要考虑其是否存在异常。

特点4：重视隐私，需要独立空间

青春期孩子希望有独立的空间，喜欢锁门，要求家长敲门和尊重隐私。有的青少年可能在私密空间里尝试喝酒、吸烟。互联网时代，青少年通常喜欢在自己的空间里花更多时间上网，这都是正常的。如果孩子出现异常行为，包括与家人绝对隔绝、沟通困难，为隐瞒自己的行为或逃避惩罚而频繁撒谎，对烟酒或网络过度沉迷，等等，家长就应当重视了。

特点5：对性感兴趣

随着性发育，青春期的孩子会通过各种媒介寻找性方面的知识，互联网也使这个过程变得便利，男孩之间有时会进行与性相关的讨论和打闹，这些都是正常行为，家长要理解和宽容。当孩子这种探索跨界，或出现不当的性相关行为时，家长要引起重视。

特点6：与父母的冲突增加

总体而言，处于青春期的孩子与父母亲的冲突更多。有专家认为，青春期孩子与父母每周发生2～3次亲子冲突属于正常范围。这种冲突虽然最常表现为孩子与家长之间的问题，但实际上是孩子成长过程中的发展和困扰。家长可以从"与孩子冲突的对立面"中抽身出来，把冲突看作自己理解和帮助孩子成长的机会。认识青春期的行为特点，是家长帮助孩子的第一步。家长只有理解孩子在这一特殊阶段的特点和需求，才会放弃批判，摒弃刻板要求，对孩子予以包容。如此，孩子才能感到被接纳，亲子关系才会更融洽。

（江文庆）

第二章 青春期行为

帮青春期孩子稳定情绪

> **青春故事**
>
> 小嘉上九年级后，经常出现失眠、厌学、情绪不稳定等情况：在家对待家人喜怒无常，动不动就生气、摔门、不说话；在学校不合群，经常因为一点小事闷闷不乐，有时还顶撞老师。后来，她不肯去上学，父母无奈之下只能帮她请假。但她在家也不自觉，总是玩手机、闹情绪，令父母焦急万分。

陪伴和引导，缓解负面情绪

青春期孩子的情绪经常不稳定，父母应与孩子加强沟通。我建议小嘉的父母从以下几方面着手：首先，多花时间陪伴孩子，多理解、包容和鼓励，多与孩子聊聊天，把孩子当成朋友一样，帮助孩子缓解紧张情绪；其次，当孩子厌学时，不要强迫她，可以与她协商，引导她在适当放松的同时，保证自学时间、制定合理的学习计划。经过一段时间的陪伴和引导，小嘉的负面情绪慢慢缓解，并重返学校，中考后情绪基本稳定，也快乐了不少。

青春健康案例汇编：悦享青春

情绪不稳，原因有两方面

一方面是内因。处于青春期的孩子身心快速发展，但阅历和经验不够丰富，看问题比较片面和主观，遇到困难、挫折时往往容易陷入心境低落状态，伴有自责、焦虑、郁闷，对生活缺乏热情，情绪不稳定。

另一方面是外因。进入青春期后，孩子的自我意识、自尊心增强，对外界的认识不断提高，对自己的内心世界和性格发展更加关注。同时，青春期处于学业压力比较大的阶段。因此，青春期的孩子一旦和同学、家人发生矛盾，很容易出现情绪不稳定的现象。

两种方法，与孩子有效沟通

青春期孩子情绪不稳定，大多符合正常心理发育特点，但也有部分孩子出现心理问题，需要父母及早干预、正确引导。比干预更重要的是，父母应在日常生活中注重亲子沟通，帮助孩子稳定情绪、健康成长。因为亲子关系对孩子的情绪、情感健康发展起着重要作用，会影响孩子的身心健康、人际关系、行为习惯、价值观乃至未来的成就。拥有良好亲子关系的孩子，往往比较踏实、稳重、有安全感，能更好地接受新事物。以下两种方法有助于父母与孩子有效沟通。

❶ **积极倾听法**

在日常交流中，学会倾听比不停地说更重要。父母应客观、设身处地地听，听出孩子的内心想法，并适时给出回应，让孩子感受到自己的认真。

❷ **共赢法**

在亲子交流中，冲突往往不可避免，很多父母选择用权威压制孩子，或用退让满足孩子，这种"非赢即输"的方法会让亲子关系更紧张。当冲突发生时，父母应试着和孩子一起讨论解决方案，最佳的解决方案往往会在讨论中浮出水面，最终实现亲子共赢。比如：上述案例中，答应孩子可以暂时不去学校，但是在家要有学习计划，孩子和家长一起制订学习计划的过程就是"共赢法"。

家庭是每个人的"避风港""安心岛"，优质、有效的亲子沟通可以给予孩子极大能量，让孩子足以抵抗人生路上的坎坷，情绪也就不会那么容易受影响了。积极沟通，和您的孩子做朋友吧！

（汤碧华）

莫让"白熊"效应助长考试焦虑

青春故事

小梓是同学们眼中的"学霸",升入九年级后,她感觉各科成绩要保持名列前茅有些力不从心,心理压力比较大。前不久,模拟考试成绩跌破预期后,小梓非常担心,害怕自己考不上理想的高中。班主任老师劝她"别紧张、不用担心",结果她反而更焦虑了。

变消极暗示为积极暗示

焦躁不安的小梓来到心理辅导室求助。她急切地说,她觉得压力很大,唯恐辜负父母的期待和老师的厚爱,害怕被同学超越,担心自己不再优秀。

心理老师耐心倾听了她的诉说,先给她做了放松训练,让她紧绷的神经放松下来,然后引导她改变曲解的想法,帮助她认识到:父母对她的期待是身心健康,而不仅仅是成绩高低;班主任老师的厚爱出于对她优秀品质的认可,成绩只是其中一部分;学习的过程就是你追我赶的过程,被同学超越也很正常;优秀学生的表现是多方面的，能够承受考试失败的挫折，并培育坚韧不拔的个性品质，也是优秀的表现。

针对小梓的消极暗示，如"我会考不好""我很紧张""我要被淘汰了"等，心理老师讲解了心理暗示的意义和作用，与她一起探讨了适合她的积极暗示，如"我能行""我很放松""我对自己充满信心"。

在心理老师的指导下，小梓经过多次自我澄清和自我赋能后，觉得有信心面对即将到来的又一次模拟考试。

认知疗法和积极暗示，帮青少年减轻焦虑

青少年考试焦虑是一种普遍现象。适度焦虑能提高学习效率，而过度焦虑适得其反。班主任老师劝慰小梓"别紧张、不用担心"，反而让她更焦虑，这种现象类似于"白熊"效应。"白熊"效应源于美国社会心理学家丹尼尔·魏格纳的一个实验，他要求参与者尝试不要想象一只白色的熊，结果人们的思维出现强烈反弹，大家很快在脑海中浮现出一只白熊的形象。

本案例中，心理老师采用了认知疗法和积极心理暗示引导，帮小梓走出了焦虑。认知疗法可以帮助青少年改变曲解的想法，建立合理的想法；积极暗示可以帮助青少年进行自我心理赋能。心理暗示是人或环境以非常自然的方式向个体发出信息，个体无意中接受这种信息，从而做出相应反应的一种心理现象。积极暗示除了言语暗示，还有行为暗示，包括保持微笑、伸展双臂、抬头挺胸等。老师和家长可以用认知调整和积极暗示的方法帮助有考试压力的青少年摆脱过度焦虑情绪，提高学习效率。

（颜苏勤　徐梅）

青春健康案例汇编：悦享青春

有学霸潜力，为何成绩平平

青春故事

小杰天生聪明，老师和家长都认为他是个学霸苗子。然而上学后，他的学习成绩并不理想，进入初中后更是显得平庸了。虽然他在课堂上思维敏捷，但一到作业或考试，就表现平平。妈妈注意到他做作业时总是坐不住，容易分心，一件事还没做完，就开始忙别的，学习效率不高。

多动症，让聪明孩子学习差

我们常常会遇到一些青少年，他们天资聪颖，思维敏捷，能够快速解决问题。但令人费解的是，这些孩子的学习成绩却并不如预期，甚至往往徘徊在中等或偏低的水平。家长和老师可能会感到疑惑不解：孩子明明很聪明，为什么成绩却总是平平？其实，答案可能隐藏于一个容易被忽视的问题——注意缺陷多动障碍（ADHD），俗称多动症。

多动症是儿童和青少年最常见的神经发育障碍之一，通常在学龄前或学龄初期开始显现，症状可能延续到青春期甚至成年。它的主要特征包括：注意力不集中、过度活跃和冲动行为。

什么是注意缺陷型多动症

提到多动症，大多数人首先想到的是那些活跃、冲动，难以安静地待在座位上的孩子，这是"多动型ADHD"的典型表现。这些孩子常常坐不住，手脚不停，喜欢打断别人讲话，容易在课堂上引发注意。因此，这类ADHD的表现较为明显，家长和老师也容易发现问题。

然而，当ADHD表现为"注意缺陷型"时，孩子并不一定会显得活跃或冲动，反而乖乖坐着，不吵不闹，同时表现出无法长时间专注、组织能力差和容易分心。正因为他们外表看起来没有明显的异常行为，家长和老师往往忽视了这个问题，导致孩子在学业上的表现始终未能达到应有的水平。

多动症影响青春期孩子的学习

❶ 课堂专注力不足

青春期的孩子处于身心快速发展的阶段，注意力容易受到干扰，如果再加上多动症的影响，问题将更加突出。在课堂上，老师讲解重要知识点时，其他同学可能都在认真听讲，而多动症孩子可能因为窗外的风吹树动或同桌的一点小动作就走神了。这种注意力"短路"并不是他们故意的，而是大脑处理外部信息时出现困难，无法自动过滤干扰。结果，他们在课堂上难以抓住重点，学习效果自然大打折扣。

❷ **学习任务拖延与分心**

多动症孩子的家长常常感到困惑：简单的作业，孩子明明知道怎么做，却总是拖拖拉拉，时不时分心，甚至突然想做其他事情，抛下当前的任务。这种缺乏组织和计划性的行为并不是他们懒惰或逃避，而是多动症导致他们无法长时间专注于一项任务，特别是在需要处理多步骤或复杂的作业时，更容易感到无从下手，时间一长就会造成不能按时完成作业。

❸ **组织能力与时间管理不足**

青春期是孩子逐渐学会管理时间、安排学习和生活的关键时期，但多动症孩子在这方面往往表现得不尽如人意。他们可能有很好的创造性想法，思维跳跃，想象力丰富，但由于缺乏有效的组织能力，这些想法常常无法转化，导致他们的潜力未能充分发挥，最终成绩与能力不成正比。

五项措施，帮青春期孩子提高学习能力

❶ **建立规律的作息与学习计划**

多动症孩子最需要一个有条不紊的生活和学习环境。家长可以帮助他们制定详细的时间表，从早晨起床、上学、做作业、休闲活动到晚上睡觉，安排得井井有条。规律的生活不仅有助于他们保持专注，还能培养时间管理能力，帮助他们在青春期过渡到更为自律的学习模式。

❷ **分解任务，逐步完成**

面对复杂的任务，多动症孩子往往感到无力和混乱。家长和老

师可以将任务分成小块，逐步推进。例如，做作业时可以先完成几道简单的题目，逐渐增加难度。这样可以让孩子觉得任务不再那么困难，也更容易获得成就感，激发他们的动力。

❸ **打造安静的学习环境**

由于多动症孩子极易受到外界干扰，一个安静、整洁的学习环境对他们来说至关重要。家长应该尽量减少家里的噪声和分心因素，给孩子打造一个专门的学习区域，帮助他们保持注意力集中。

❹ **给予适当的鼓励和奖励**

每当孩子在学习中表现出专注或有进步时，及时给予表扬和奖励。无论是物质上的小奖励还是精神上的鼓励，都能增强他们的自信心，并让他们在未来的学习中更愿意保持努力。

❺ **寻求专业帮助**

如果孩子的症状严重影响学业，家长应考虑寻求医生的帮助。通过评估，制定个性化的治疗方案，结合行为治疗和家庭支持，必要时进行药物干预，可以帮助孩子更好地应对学习中的挑战。

（王一浩）

青春健康案例汇编：悦享青春

狂热的追星小"粉丝"

青春故事

14岁的八年级女生小叶是某偶像男团的忠实"粉丝"，房间里摆满了各种"爱豆"（偶像）的海报和专辑，她还经常泡在粉丝论坛里乐此不疲。一开始，小叶妈妈觉得女儿可能只是跟风而已，何况学业紧张，也需要放松一下，因此没有反对。

可是有一次，小叶妈妈发现自己放在衣柜里的800元钱不见了，怀疑是女儿拿了，于是质问她。没想到，小叶说偶像最近在比赛，她要应援，所以拿钱申办了活动会员，买了书签、手幅、扇子等"周边"纪念品。眼看着女儿追星越来越投入，小叶妈妈很困惑：要不要干涉呢？该怎样引导？

第二章 青春期行为

追星的利与弊

从心理学角度来讲,青少年对明星有追捧、崇拜的想法,是一种常见现象。他们正处于确立自我同一性的阶段,"追星"满足了他们的精神寄托和情感共鸣的需要。他们在追星的过程中寻找和确立自己的生活榜样,在共同追星的"圈子"中获得归属感和力量感。

但是,盲目追星的危害是显而易见的:不仅会耗费大量时间和金钱,影响生活和学业,严重的还会造成心理问题和价值观错误,尤其是部分劣迹艺人的失德行为,无疑会对青少年产生严重的负面影响。

尊重、理解、引导孩子适度追星

对待追星问题,父母应该学会引导。如果引导得当,追星也可以成为激励孩子上进的一种有效方法。

首先,父母要理性看待。抛开明星、偶像的外在光环,孩子追星只是一种崇拜、欣赏的行为。如果正常的学习和生活未受到太大影响,家长可以继续观察,尊重孩子的喜好,建立信任。千万不要一听到孩子追星,就反应过度,把追星当作洪水猛兽。更不可一味压制孩子,因为这样孩子不仅不会听劝,反而会激起他们的逆反心理。

其次,父母可以借助偶像的榜样作用激励孩子不断前行。孩子喜欢偶像,其实是喜欢他们身上的某些特质,希望自己能成为像他们一样的人。家长不妨陪着孩子,挖掘偶像的优秀特质,让偶像变成孩子学习的一种动力,让孩子在追星的过程中成长为更好的自己。比如:为备战2008年北京奥运会,游泳名将菲尔普斯在新加坡训练，其间一个名叫斯库林的小男孩专程去看他，因为菲尔普斯是他的偶像；到了 2016 年里约奥运会，斯库林不再只是菲尔普斯的粉丝，更是他的对手，最终在 100 米蝶泳决赛中击败了他的偶像，为自己的国家摘得该项目的历史首金。

第三，父母要引导孩子全面认识偶像，树立正确的是非观。世上没有完美的人，偶像也是如此。家长要合理引导，不要让孩子在追星的过程中迷失自己。当孩子因偶像出现劣迹或触犯法律而难过时，家长不要过于惊慌，这其实是一个让孩子学会辨别是非的好机会。

第四，如果发现孩子沉迷于追星，父母要适度监管，帮助孩子建立一定的界限。可以经常和孩子谈心，试着去了解孩子内在的真实感受和想法，引导孩子理智追星。

每个人成长路上都会遇到令自己崇拜的偶像。只要家长冷静对待，理智引导，孩子一定能将这股追星的热情转化为成长的动力，成为更优秀的自己。

（陈丽君）

第二章 青春期行为

深受起哄、配对困扰的男生

青春故事

11岁的航航平时很喜欢和同学们在一起打打闹闹，最近却不愿意跟大家玩了，原因是有些同学总是起哄，说他和班里的一个女生在谈恋爱，甚至还有同学经常画图，表示他俩互相喜欢。航航很气愤：这明明就是无中生有！被起哄的那个女生也经常被这些说法弄哭。因为这件事，航航心烦意乱，不知道该怎么办，甚至不想去上学了。

起哄、"配对"根源：情感过渡期的集体压力宣泄

如果班里起哄、"配对"的情况很常见，甚至还有同学在公开场合互称"老公""老婆"，这说明青春期男女生从情感发展的第一个阶段"同性吸引期"，逐渐过渡到了"异性吸引期"。

同性吸引期（异性疏远期）——小学高年级

这个年龄段的男孩女孩开始进入青春期，有了对两性差别的朦

胧意识，相互之间会显得拘束和陌生。男孩害怕被别人发现腋毛等体毛的出现，女生也不愿意别人察觉乳房隆起，彼此都害怕异性关注自己，所以就会出现疏远的情况，男孩和女孩都喜欢和同性一起玩。因此，同性吸引期也叫异性疏远期。

异性吸引期——小学高年级和初中阶段

随着年龄增长，男女生会对异性产生好感与爱慕。男孩关注自己的发型，乐于表现自己的能力和勇气；女孩注重自己的着装和打扮，乐于表现自己，渴望参加集体活动。同性吸引期时，男女生分别掌握了同性之间的沟通和交流方法、如何处理同性之间的矛盾和冲突；而异性吸引期需要具备的能力，是与异性沟通交流、处理矛盾和冲突。从同性跨越到异性，意味着面临更高的难度和更大的挑战。当人面对挑战时，会出现紧张、压力和焦虑，起哄、"配对"是宣泄压力和焦虑的方式。

豁达对待同学起哄、"配对"

父母如何帮助青春期孩子应对被同学群体性起哄的烦恼呢？关键在于帮助孩子理解起哄行为背后的根源，构建对起哄的"免疫力"。

第一，家长应引导孩子看清起哄背后的原因，帮助孩子理解，自己只是被当成了"起哄工具人"。

第二，培养孩子豁达的心胸，帮助孩子理解为什么自己会被起哄。被起哄是一件很普遍和"无厘头"的事情，原因有很多，比如：

第二章 青春期行为

有的女生和某男生穿了一件颜色相同的衣服；有的男生和某女生穿了同款鞋子；有的同学只是在走廊里并肩而行，被同学们看到了背影……家长可以告诉孩子：起哄理由千千万，最简单的方式是不放在心上，保持心态豁达、积极乐观。因为随着年龄的增长，课业的增多，同学们的注意力就会转移到其他地方。

第三，私下向经常起哄的同学平静、有力地表达不适感。家长应鼓励孩子向经常起哄的同学严肃、认真地说出自己的感受，表明自己不愿意被起哄的态度；让起哄的同学真切感受到自己的不舒服，也希望对方可以尊重自己，建立互相理解、彼此平等的友谊。

（陈静）

青春健康案例汇编：悦享青春

情窦初开，却被"棒打鸳鸯"

青春故事

秋秋是一名职校二年级的学生，她说："我喜欢上了隔壁班的一个同学，我们俩在一起很开心。可是，好景不长，可能由于我俩的学习成绩下滑得厉害，我们各自的班主任和家长都知道了我俩在谈恋爱，想拆散我们。我们真的很喜欢彼此，我现在很痛苦，既不想失去喜欢的人，又不想让父母和老师失望。我就不明白，大人为什么喜欢'棒打鸳鸯'呢？"

早恋从何而来

正值青春期的学生性意识萌发，开始注意异性，亲近异性，容易产生爱慕之情，主要表现为：注重打扮，喜欢在异性面前表现自己，渴望得到异性的注意与爱慕，注意异性的谈话、表情、动作等；对心仪对象特别注意和关心，希望多接触、多交往，心仪对象的一个眼神、一个微笑都对他们有巨大吸引力，让他们沉浸其中。

同时，观察和模仿在一定程度上加速了校园恋情的出现。如今，

第二章 青春期行为

与爱恋有关的商业文化充斥街头和网络，使怀春的少男少女对爱情充满憧憬。加上家庭、邻里的影响，也刺激着他们的生理和心理，促进了他们的性觉醒，强化了他们的好奇心，部分学生因此过早地出现了恋爱需要。

此外，从家庭教育来看，有些孩子缺乏父母的关注或与父母的沟通，情感世界犹如一片"荒漠"，在家庭中得不到温暖。出于对情感的渴望，他们可能会从过早的恋爱中寻找寄托。有些家庭比较注重对孩子的关心和陪伴，但忽视了性教育，导致孩子对男女之间的恋爱感到神秘莫测，想"一探究竟"。

接纳、引导，帮孩子正确对待恋情

校园恋情是青春期少男少女生理趋于成熟而心智发展尚未成熟时出现的一种现象。对此，父母应了解，这是孩子进入青春期后性心理发展的必然趋势；同时，父母要引导孩子安然度过这段躁动不安的特殊时期。

首先，父母应接纳孩子爱慕异性的心理，并帮助孩子了解自己的生理和心理特点，以及过早发展恋情的危害。父母还应积极与孩子探讨，引导他们合理地分析问题。比如：朋友交往应彼此尊重，真诚互信，相互鼓励和支持，促进各自的人生发展；学会控制自己的情感，正确处理恋爱关系，将更多精力放在学业和与其他同学的相处上；等等。

其次，青春期的孩子逆反心理较强，对于已经进入恋情的孩子，父母不能简单粗暴地指责和干预，否则极易出现"罗密欧与朱丽叶效应"（父母越强烈反对，孩子的恋情越牢固）或者"地下情"。父母要给孩子一定的时间和空间,引导和帮助孩子做出决策。比如:"如果在相处中有什么不愉快,可以告诉我们。""现在你的学习成绩下降了,我们不确定是这个阶段学习任务太重、太难,还是你谈恋爱分散了注意力。你愿意坐下来和我们一起分析分析吗?""对方身上有哪些方面吸引你,你观察一下,其他同学有没有类似的特质呢?"诸如此类的沟通交流,可以让孩子感受到父母是自己的朋友,在真心实意、设身处地地为自己着想,而非站在家长的角度命令、阻止自己。

第三,父母要在对待婚姻、家庭、异性交往的态度和行为方面,给孩子做出榜样。此外,父母还要给予孩子更多的关注,关心孩子的内心感受和情感体验,多与孩子交流,了解孩子的交友情况,让孩子感受到父母的重视和关怀。

(强丽君)

第二章 青春期行为

对青少年"恋爱","堵"还是"疏"

> **青春故事**
>
> 八年级男生小纯和女生小洁时有"情书"往来,偶有"牵手"等亲密行为。班主任认为,初中生要把精力放在学习上,不应该谈恋爱,且他们的行为影响了班风,于是在班里严肃批评了他们,责令他们写检讨、终止"恋爱",还把双方父母叫到学校,要求家长严加管教。结果,小纯和小洁非但没有中断关系,还时常出双入对,走得更近了。

被批评,很委屈

被家长、老师"左右围攻"的小纯到咨询室寻求帮助,心理老师认真倾听了他的感情经历。小纯说,他喜欢和小洁在一起,见到她就脸红、心跳,不敢告诉她,于是写了小纸条,有时还偷偷牵她的手。老师和家长的严厉批评,让他感到很委屈,也很苦恼。

心理老师告诉小纯,青春期的学生对异性产生好感是正常现象,遇到喜欢的女孩后,想表现自己、感到紧张也很正常,但这不一定是恋爱。爱情是男女基于一定的社会基础和共同的生活理想，相互倾慕，渴望发展亲密关系，并渴望对方成为自己终身伴侣的一种强烈、纯真、专一的感情。心理老师请小纯思考自己目前是否具备恋爱的条件，小纯表示否定。心理老师进一步引导：要想具备恋爱的基础，目前可以做些什么？小纯认为要把学习放在首位，他说，其实他和小洁都知道现在学习是首要任务，但老师和家长强行要求他们断绝来往，而他们觉得自己的事情应该自己决定，家长越是反对，他们就越要对抗。

经过心理老师的疏导，小纯表示自己会以学习为重，和小洁相约考上理想的高中，为将来的美好生活共同努力，把对彼此的好感放在心里，等待"时机"成熟的那一天。

指责、拆散，适得其反

对于青少年"恋爱"，老师和家长越是指责、拆散，他们会"靠"得越紧。此时，老师和家长需要做到以下三点：

❶ 倾听与共情

遇到青少年有"恋爱"倾向，老师和家长不要急于阻止。首先，要倾听他们的心声，问一问他们的真实想法，了解他们"恋爱"的缘由。其次，要换位思考、共情，从他们的角度去感受他们的情感，与他们交朋友。

❷ 接纳与尊重

面对青少年的"恋爱"，老师和家长不能粗暴干涉，要接纳其对异性产生好感和渴望交往的需求，允许他们有自己合理的想法和行为。同时，要尊重青春期孩子的独立人格，培养他们独自处理与异性交往事宜的能力。

❸ **引导与帮助**

处理青少年"恋爱"关系，老师和家长不要简单地说教。一方面，要引导他们发现自己在选择方式上的不合理性，让他们认识到应通过恰当的方法和行为满足自己的需求。另一方面，要帮助他们找到解决问题的方法，一旦他们有了切实可行、自主选择的方法，他们就会心悦诚服，积极主动地实施。

（颜苏勤　徐梅）

青春的问号

青春故事

小谢16岁，性格腼腆、敏感，父母忙于工作，与他沟通甚少。自进入青春期后，小谢养成了手淫的习惯，每次手淫后都会产生罪恶感，并伴随诸多困惑，例如：手淫是不是一种变态行为？会不会危害我的健康？如何戒除此种行为？虽然这些问题困扰了小谢很久，但他始终羞于向他人请教，担心他们会用异样的眼神看待他，故选择上网寻找答案，但网上各种答案都有，让他困扰更深。因为之前参加过"青春健康"活动，出于对"青春健康"项目主持人的信任，小谢主动求助。在与他的交流中，我发现他因手淫问题产生了自我怀疑，认为自己肮脏和变态，进而影响了日常生活和学习。

层层递进，除旧布新

我充分了解小谢的基本情况后，进行了干预。

首先，缓解负面情绪。通过自主平衡三步法，使小谢的负面情

第二章 青春期行为

绪得到缓解，并引导他学会了调适自我情绪的方法。

其次，深挖"行为"缘由。一年多之前，他在家中看到相关影像中的一些激烈镜头时，情不自禁地开始触摸自己的敏感部位，觉得异常舒适。其后，便渐渐养成了手淫的习惯，平均每周一两次。

第三，澄清错误认知。针对小谢的诸多疑惑，结合科普视频，使他逐渐意识到"自慰对身体无害，它是为了调节性欲，缓解性紧张度的一种正常、安全的性行为方式"，并非肮脏、变态的行为，以澄清小谢的错误认知。

第四，提供科学建议。包括：不要看一些刺激性的画面；注意卫生；避免穿过紧的裤子，以减少对性器官的刺激；避免刺激性饮食，晚餐不宜过饱；睡眠时被褥不要过重；增加体育锻炼，以消耗过多的精力；注意隐私与安全；适度适量，不过度沉浸；等等。

第五，寻求"正向"解惑。引导小谢认识到，遇到困惑时不要选择上网寻找答案，因为网上的信息过多，往往鱼龙混杂、以偏概全，而应主动向家长、老师请教。

第六，青春健康教育。推荐小谢阅读与青春期健康教育相关的书籍，并邀请他参与青春期健康教育小组工作坊。

面对青少年的性困惑，这么做

在实际工作中，我们发现有不少青少年存在各种性困惑，有生理的、心理的，也有情感的。当青少年出现这些困惑时，他们可能是迷茫的、无助的、羞怯的。此时，家长的态度至关重要。如果选择回避、训斥、嘲讽，不仅会迅速关上他们的心门，还会将他们推向"到网络中找答案"。现实是，许多青少年由于缺乏对客观事物的辨识能力,很容易被网上的一些错误信息误导,不但无法获得正确的解答,反而会加剧迷茫。当发现青少年出现性困惑,或青少年主动求助时,需要做到以下几点。

❶ 选择合适的环境

选择一个私密、放松的环境来开展对话,要充分考虑青少年的情绪状态。

❷ 做到倾听及尊重

不轻视或贬低青少年的感受、想法和困惑,而是充分倾听,适时肯定和支持,例如:"你愿意来找我聊聊你的烦恼,说明你很信任我,我感到很高兴,我也很愿意倾听你的困惑。"

❸ 使用适当的语言

根据青少年的年龄和认知来调整表达的方式,并使用他们能够理解的语言来自然解析"性困惑"。

❹ 提供正确的信息

在给青少年普及性知识时,需要做到答其所问,且确保所有的信息都是准确、科学和全面的,从而有效帮助青少年建立健康的性观念和性行为。

❺ 鼓励开放的对话

鼓励青少年随时向你提出问题和疑虑,让他们知道你是值得信任的,且你很愿意为他们答疑解惑。

❻ 传递健康、安全、负责任的理念

引导青少年意识到:性是权利,也是责任;性行为应建立在尊重、平等、自愿、无伤害的基础上,要学会做出正确的决定,并对自己的决定和行为负责。青少年形成正确的道德观念,也有助于预防和减少未成年人性犯罪。

(叶沁)

第二章 青春期行为

面对青春期的"冲动"

青春故事

乐乐16岁，住校，与父母异地相隔，甚少沟通。随着身体发育，他形成了一个不良习惯：经过同学身边时触碰他人的敏感部位。这一行为对同学们造成了困扰。在与乐乐的交流中，我发现他从未接受过性教育，面对"性冲动"时不知如何应对，也没有认识到随意触碰他人敏感部位的行为已经构成了对他人的性骚扰。

心理辅导，纠正不良行为

在帮助乐乐的过程中，我充分了解了他的基本情况，进行了相应干预。首先，深挖行为缘由。原来，他有一次无意间触碰到一位女生的敏感部位，让他产生了一种愉悦感。他认为这是无伤大雅的玩笑，故触碰他人敏感部位的行为时有发生。其次，澄清错误认知，使他认识到，身体上的接触，一些不礼貌且带有性意识的语言、动作、声音，令他人产生不舒服、不安、焦虑、尴尬、受侮辱、不被尊重的感觉，都属于性骚扰。第三，强调严重后果，包括对他人的伤害、可能触犯法律等。第四，探寻宣泄方法，使他认识到进入青春期出现性冲动很正常，要形成正确的性观念，并共同探寻宣泄性冲动的方法，如增加文体活动、培养丰富的兴趣爱好等。第五，加强青春健康教育。与学校沟通，开展青春健康教育主题活动，同时推荐他阅读相关书籍，鼓励他遇到困惑时主动向家长、老师和社工请教。此外，我与乐乐父母进行了沟通，引导他们重视性教育。

孩子言行不当，父母该怎么做

我们在从事青春期健康教育工作的过程中，发现不少青少年对性问题存在各种困惑，在出现"性冲动"时无法用正确、健康的方式去调节和控制。这与家庭性教育缺失，以及日常缺乏系统的青春期健康教育有关。父母要认识到，自己作为第一责任人，应该与孩子建立良好的沟通，并提供适龄性教育。当孩子出现性冲动，且有不恰当的言行时，父母应注意以下几点：

❶ **保持冷静和理性**

不要陷入愤怒或恐慌，要尝试以冷静的态度去理解和解决问题。

❷ **开放的对话环境**

让孩子感到可以和父母谈论任何事情，包括性方面的问题；尊重孩子的隐私，获得他们的信任。

❸ **提供支持和理解**

引导孩子意识到性冲动是生理、心理的正常反应，是在性激素的作用和外界刺激下产生的，并非不道德或可耻的行为。

❹ **法制和道德教育**

让孩子意识到，性不仅是个人行为，也涉及社会、道德、法律层面，不能随心所欲地满足自己的性冲动。

❺ 提供信息和建议

适时适度地提出建议，例如：不要看一些刺激性的画面，转移注意力，把过剩的精力投入到健康的事物上，对自我行为进行规范和约束，等等。

❻ 寻求专业支持

如果发现自己无法有效处理，或孩子表现出不正常的迹象，应及时向青少年事务社工或心理健康专家求助。

（叶沁）

青春健康案例汇编：悦享青春

女儿说，她喜欢上一个女生……

青春故事

　　一个妈妈的倾诉：那个周末，我像往常一样开车去接上大学的女儿。回家路上，她向我讲述着学校的趣事。在一个红灯路口，我从后视镜里看到女儿偷偷看了我几眼，一副欲言又止的样子。几秒钟后，她轻声对我说："妈妈，我好像喜欢上了一个女生。"说实话，听到女儿这么说，我的第一反应是自责：是我的家庭教育出了什么问题吗？我很久没有说话，因为我根本不知道该怎样回应才能不伤到我的宝贝。

同性恋不是病

　　当孩子突然坦白自己的同性喜好时，"不知道该如何回应"是大多数家长的心态。也有很多家长觉得，自己的孩子只是"年少不懂事"，最终还是会"回到正轨"的。

　　其实早在1990年，世界卫生组织就已经将同性恋从疾病名录中去除，认为同性性倾向乃人类性倾向的一种正常类别，同性恋不是

第二章 青春期行为

一种疾病或不正常,且不需要接受任何形式的治疗。我国也在2001年发布的《中国精神障碍分类与诊断标准(第三版)》中,将同性恋从精神疾病分类中删除。

可见,同性恋不是病,而是正常的性取向;喜欢男生还是女生,就像喜欢苹果还是香蕉一样,是每个人应该拥有的权利。

给予接纳、包容与爱

发现孩子有同性恋取向,家长一时难以接受,是完全可以理解的。但是,如果家长下意识地给出抗拒和不接受的反应,会伤害孩子。孩子鼓起勇气表明自己的性取向,一定是经过长时间考虑、抱着希望被最亲近的人认可和接纳的想法的。所以,家长不妨多给自己一点时间,慢慢"消化"。

其实,家长可以换个心态,从另一个角度想想:如果孩子一直不袒露自己真实的性取向,家长会默认孩子是异性恋,将来会操心孩子的恋爱、婚姻、家庭,而这样的关心会给孩子带来压力和烦恼。我们都希望自己最亲密的人爱的是真实的自己,孩子也不例外——希望爸爸妈妈在知道自己的性取向后依然认可和深爱自己,有什么错吗?

家长调整好自己的心态后,不妨找个安静的地方和孩子好好聊一聊,一方面能够促进亲子之间的互相理解,另一方面也能让孩子感受到父母的支持和包容。对他们来说,家人的支持格外珍贵,有助于他们更勇敢、自信地做自己。

如果家长实在难以接受孩子是同性恋这一事实,但又害怕伤害孩子而不愿直接表示自己的不认同,也没必要纠结,既折磨自己,

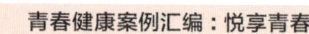

也折磨孩子。适当求助于专业人士和社会群体是很好的解决方法：可以向心理咨询师倾诉自己的烦恼，也可以加入家长互助小组，和与自己有同样烦恼的人一起，互相帮助、支持与改变。

需要注意的是，如果孩子在 14～18 岁喜欢上同性，不一定是确定的性取向，可能属于"青春期同性依恋"。家长可以观察一段时间，不要急着把孩子往所谓的"正常方向"引导。

我们都希望自己的孩子活成自己想要的样子，而孩子也希望家长爱的是最真实的自己。爱与包容，能够超越一切偏见。

（王者兴）

第二章 青春期行为

警惕！青少年应远离电子烟危害

青春故事

"你知道吗？我那天在商场里看到新开了一家很有趣的店哎，花花绿绿的。好像写着电子烟。我们下课回去的路上去看看吧？"

"电子烟不就是香烟吗？这个不好吧？我们可不能去试。"

"不一样的吧？电子烟听上去就很酷，看着也好看，不像香烟又臭又呛人。"

"我觉得不太对，我回家问问我爸。"

到底什么是电子烟？青少年能不能尝试电子烟呢？

近年来，电子烟打着无害、减害，甚至有助戒烟的旗号，亦以其丰富的口味，吸引着青少年由好奇而尝试吸食，发展到逐渐加入烟民的行列。中国疾病预防控制中心发布的2021年中国中学生烟草调查结果显示，我国中学生听说过电子烟和使用电子烟的比例显著上升：2021年中学生听说过电子烟的比例为86.6%，电子烟使用率

青春健康案例汇编：悦享青春

为3.6%，与2014年相比，分别上升了41.6%和2.4%。上海交通大学医学院附属瑞金医院戒烟门诊的临床证据显示，一些吸烟者因尝试电子烟而成瘾，逐渐转向传统烟草和电子烟混合吸食。

"电子烟不是时尚，我的青春自有主张！"这是由国际超模刘雯代言的一幅无烟公益海报的宣传语，配注的文字是：电子尼古丁传送系统生成的气溶胶中，许多成分是已知有害健康的毒性物质。由世界卫生组织支持、中国疾病预防控制中心主推的一组无烟公益海报一度迅速刷屏，引起公众对青少年使用电子烟的重视。

什么是电子烟

电子烟是电子尼古丁传送系统或电子非尼古丁传送系统的典型形式，通过加热一种溶液产生气雾，供使用者吸用。按含量排序，溶液的主要成分除尼古丁（如有）外，还包括丙二醇、甘油等。国外和我国香港地区已有研究证实，电子烟含有毒物质，包括丙烯乙二醇、甘油，以及乙醛、甲醛等。香港浸会大学曾对市面上13种电子烟进行测试，发现其含有多种有害物质。其中，甲醛及多环芳烃是已知致癌物；多溴联苯醚会影响甲状腺功能、生殖功能和胎儿发育；尼古丁会造成记忆力减退、精神不振，有极强的成瘾性。

二手气溶胶有哪些健康风险

研究表明，电子烟加热溶液产生的二手气溶胶（即电子烟的二手烟）是一种新的空气污染源，包括颗粒物（细颗粒和超细颗粒）、丙二醇、某些挥发性有机化合物、某些重金属和尼古丁，绝非很多营销宣传的那样仅仅是"水蒸气"而已。对比无烟的清新空气，电子烟的二手气溶胶可以使空气 $PM_{1.0}$ 值增加 14～40 倍，$PM_{2.5}$ 值增加 6～86 倍，尼古丁含量增加 10～115 倍，乙醛含量增加 2～8 倍，甲醛含量增加 20%。二手气溶胶中的某些金属含量，如镍和铬，甚至比传统卷烟产生的二手烟中的含量还要高。

电子烟在国内外的使用与监管现状

全球电子烟销售额由 2015 年的 78.06 亿美元上升至 2022 年的 223.49 亿美元。世界卫生组织披露的相关信息表明：截至 2023 年，《世界卫生组织烟草控制框架公约》182 个缔约方中，有 102 个报告有电子烟供应；全球 195 个世界卫生组织成员国中，有 34 个禁止电子烟，在剩下未禁止电子烟的成员国中，有 87 个对其实施管制。在我国，目前已有上海、广东、广西、河南、海南、杭州、郑州、南宁、深圳、秦皇岛、武汉、张家口等地明确将电子烟纳入无烟法规适用范围，禁止使用传统烟草制品的场所同样禁止使用电子烟。国家卫生健康委、中央宣传部、教育部、市场监管总局、广电总局、国家烟草局、团中央、全国妇联八部委联合印发的《关于进一步加强青少年控烟工作的通知》要求"全面开展电子烟危害宣传和规范管理"，并

指出：电子烟烟液成分及其产生的二手烟（包括气溶胶）均不安全，目前尚无确凿证据表明电子烟可以帮助有效戒烟；各地要主动加强对电子烟危害的宣传教育，不将电子烟作为戒烟方法进行宣传推广，倡导青少年远离电子烟；在地方控烟立法、修法及执法中，要积极推动公共场所禁止吸电子烟，警示各类市场主体不得向未成年人销售电子烟，尤其是通过互联网向未成年人销售电子烟，有效防止青少年误入电子烟迷途。

（唐琼）

第二章 青春期行为

守护青春，远离毒品

青春故事

2020年6月，在国际禁毒日前夕，一则由"抗疫天团"钟南山院士、李兰娟院士和张文宏教授倾情出演的禁毒宣传公益片《别让"我以为"变成"我后悔"》隆重推出。"禁毒天团"向广大人民群众，特别是青少年大力倡导"健康人生，绿色无毒"的理念：吸毒严重损害身心健康，是绝望和死亡的代名词；毒品善伪装，千万别上当；远离毒品危害，健康才有未来。

在校园图书馆的电子屏幕前，小颜和小玉边看这部宣传片边讨论。小颜认为："对我们来说，毒品离我们太远了，根本不需要担心！"小玉则有不同看法："那可不一定，有些毒品看上去就像饼干、糖果，甚至像贴纸，防不胜防，还是小心为上。"

毒品是指鸦片、海洛因、甲基苯丙胺（冰毒）、吗啡、大麻、可卡因及国家规定管制的其他使人形成瘾癖的麻醉药品和精神药品。

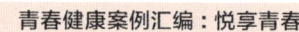

毒品的种类很多，范围很广。从毒品的来源看，可分为天然毒品、半合成毒品和合成毒品；从毒品对人中枢神经的作用看，可分为抑制剂、兴奋剂和致幻剂等；从毒品的自然属性看，可分为麻醉药品和精神药品；从毒品流行的时间顺序看，可分为传统毒品和新型毒品。说起新型毒品，除冰毒、摇头丸、K粉、笑气外，越来越多有着时髦外表、迷惑青少年的毒品层出不穷，如一些毒品"披着"卡通贴纸、小熊饼干、跳跳糖等的"外衣"。

毒品的真相，你知道吗

误解 1

因为好奇吸一次试试，是不会上瘾的。

真相：或许有人认为，偶尔吸一次毒品无所谓，不会上瘾。但是，毒品是有"魔力"的，会逐渐使人产生生理依赖和心理依赖，并对人体生理和精神造成极大的无法弥补的损伤。

误解 2

我的朋友们都吸，他们不会害我的！

真相：青少年普遍喜欢寻求同伴认同和归属感，与朋友相处时勇于追求和尝试新鲜事物。有统计显示，97%以上吸毒者的第一次都是从所谓的朋友那里开始的。实际上，真正的朋友不会拉你一起吸毒。

误解 3

吸毒可以让我忘却痛苦和烦恼。

真相：因为毒品具有麻醉和亢奋作用，所以吸毒后出现的所谓"爽"是一种畸形体验，它不但不能让人解除痛苦，反而会给人带来深深的失望和恐惧。

第二章 青春期行为

误解4

吸毒能让我聪明，给我灵感。

真相：吸毒会对人的听觉和视觉造成很大影响，甚至使人产生幻觉，不仅不会让人变得聪明、有灵感，反而会使人记忆力减退，加快衰老，并逐渐摧毁人体的免疫力。

误解5

笑气让我快乐，不会对人产生伤害。

真相：笑气学名叫一氧化二氮，是一种无色带甜味的气体，具有麻醉作用，进入人体后会刺激神经。频繁、过量吸入笑气会使大脑和其他器官长期处于缺氧状态，进而引发各种症状，如健忘、智力下降等。

家长怎样引导孩子远离毒品

首先，在日常生活中，家长应关心孩子的身心健康，随时掌握孩子的心理波动，给予切实关爱、情感支持及有效疏导，耐心听取孩子的意见，切忌简单粗暴。否则，会引起孩子的逆反心理，往往欲速而不达。

其次，家长要以身作则，做孩子的榜样，无论遇到什么情况，都不能沾染毒品。

第三，家长应了解毒品的危害和禁毒知识，利用广播、电视、报刊、图书、音像制品及新媒体等，对孩子进行毒品常识及危害的宣传教育。

第四，家长应关注孩子的同伴交往，指导孩子识别危险的社交情境，引导孩子学会自我保护。

（庄蕾）

第三章

亲子沟通

走进初中生的心

青春故事

六年级男生小轩,以前都是妈妈牵着手送他去学校,但最近他郑重地对妈妈说:"从明天开始不要送我了,我已经长大了,你这么牵着我的手,如果被同学看到,我太没面子了。"妈妈听了,既开心又感觉很失落。

七年级女生小艺,以前经常和妈妈一起逛街、买衣服,现在都是和同学一起去。妈妈问她为什么不愿意和自己逛街,小艺说:"现在年轻人的衣着你又不懂,我情愿跟同学一起去。"

八年级男生小睿,以前学习一直很努力,但最近每天放学回家就打游戏。父母说他两句,他就暴躁地喊:"你们只关心我的成绩,除了成绩,你们还会问我什么啊,烦死了!"

九年级女生小凡,父母希望她考高中,但她一心想报考职业学校的西点师专业。父母好话歹话都说尽了,小凡依然填报了这个专业,令父母很无奈。

第三章 亲子沟通

初中阶段，孩子心理波动大

初中阶段是青春期表现最强烈、孩子身心发展最迅速的阶段。很多家长觉得孩子在小学阶段和自己很亲密，进入初中后就好像换了一个人。上面这些故事里，有你家的影子吗？

初中阶段的孩子会经历很多变化，身高突增、第二性征出现、体形变化等生理上的变化会带来心理上的巨大波动。例如：情感多变且不稳定，情绪激动且易冲动；对体形变化既好奇又恐惧；自我认识和自我评价能力发展，为了证明自己的价值，更容易产生叛逆心理；等等。

改变自己，助力青春期孩子成长

父母如何帮助孩子平稳度过青春期，并保持良好的亲子沟通呢？以下这些方法您可以试试。

第一，家长要调整好心态，尊重孩子的成长。这个阶段的孩子好面子，更需要同伴的理解，有自己的隐私，希望对自己的人生拥有主动权，家长不要把这个阶段孩子的某些令自己不愉快的表现看作故意作对、挑衅。

第二，倾听比唠叨更重要。很多父母在孩子小的时候会用唠叨、打骂的方式让孩子"听话"。但是，现在孩子长大了，是一个有独立思考能力的"小大人"，家长与孩子的沟通方式也要调整，即从唠叨变为倾听。什么是良好的倾听？身体前倾、目光注视、点头肯定、表示兴趣、及时"嗯、哦"，都是倾听的小技巧。当你这样做时，孩子会感觉你在与他"同频"交流，就会与你分享更多见闻和感受。

第三，家长要与时俱进。孩子在一天天长大，家长也要"跟上孩子的步伐"。同样的方法对年龄不同的孩子会有不同的效果。比如，当孩子小的时候，家长声音大一点，他就乖乖听话了；但是当孩子进入青春期后，家长声音大一点，他可能就走开了。多数家长一直要求孩子好好学习，而自身有没有每天进步一点点呢？家长可以读一些心理学方面的书籍，了解青春期孩子的特点，学习与青春期孩子沟通的方法，掌握陪伴孩子度过青春期的技巧。这样，家长就会变成孩子成长路上的"助力"，而不是"阻碍"了。

（余晓婷）

第三章 亲子沟通

倾听"成长"的声音

青春故事

八年级学生潇潇一直是妈妈的骄傲,从小就乖巧懂事,从来不需要父母操心。考虑到离中考越来越近,潇潇妈妈换了一份离家近的工作,希望能好好陪伴女儿度过这个人生的关键期。不过最近,妈妈发现她脾气越来越怪,经常因为学习、报课外班等各种事情和自己起"摩擦"。潇潇表达愤怒的方式很特别,她虽然不会大吵大闹、大喊大叫,但是会因激动而嘴唇颤抖,进而因无法顺畅发声而更加激动,最终把自己关在房间里,拒绝出门。

自我探索是成长的必经之路

初中阶段是孩子处于青春期表现强烈、身心发展迅速的阶段。

很多家长对孩子进入青春期后的叛逆头疼不已，不知如何应对。其实，叛逆是大部分孩子成长的必经阶段，是逐渐脱离童年期的稚嫩，从儿童期向成年期过渡时心理变化的外在表现。著名心理学家埃里克森认为，青春期的核心发展任务是建立自我同一性。建立自我同一性是青少年探寻自己和他人的差别、认识自身、明确自己更适合哪种社会角色的过程。简单来说，就是一个人对"我是谁""我会成为什么样的人""我如何适应社会"等问题具有连贯、统一的认识。

根据青少年自我探索及同一性获得的不同状态，自我同一性可分成四种。

❶ 同一性扩散

未进行自我探索，未获得同一性。如"我不知道未来要做什么"。

❷ 同一性延缓

正在进行自我探索，未获得同一性。如"我想成为教师、医生或律师，但我还没想好选择哪个"。

❸ 同一性早闭

未通过自我探索，获得同一性。如"我要当老师，因为我妈妈觉得我适合当老师"。

❹ 同一性达成

通过自我探索，获得同一性。如"我喜欢唱歌，我想当歌唱家"。

在青春期，上述四种状态并非一成不变，随着年龄的增长，孩子可能在不同状态之间转化。早期，多数孩子处于同一性延缓状态，也有一部分处于"扩散"和"早闭"状态；后期，"达成"和"延缓"的增多，"扩散"和"早闭"的减少。

当好"脚手架",助力青春期孩子成长

如何当好"脚手架",帮助叛逆的青春期孩子获得更好的自我同一性发展呢?不妨试试以下方法:

❶ 做民主型父母

青春期孩子出现强烈的独立感和成人感后,会想要更多自由。父母过多的约束和要求可能会剥夺孩子对独立感的追求,阻挠孩子对自我同一性的探索,导致其出现一系列叛逆行为。青春期孩子的父母不要把孩子的某些令自己不愉快的表现看作故意作对、挑衅,要采用更加民主、宽容的教养方式,给予孩子更多的自主权,帮助他们顺利进入自我探索,最终实现自我同一性的达成。

❷ 做学习型家长

古人云"凡事预则立,不预则废"。家庭教育尤其如此。合格的家长应该努力学习家庭教育知识,提高自己的教育水平,尽量减少由于缺少恰当的家庭教育而给子女带来的遗憾。家长可以读一些心理学方面的书籍,了解青春期孩子的特点,学习与青春期孩子沟通的方法,掌握陪伴孩子度过青春期的技巧。这样,家长就会变成孩子成长过程中的"脚手架",助力孩子健康成长。

(苏旬艳)

青春健康案例汇编：悦享青春

谈"手机"色变，是谁的错

青春故事

八年级男孩小辉的倾诉：我最近和爸爸妈妈老是因为手机起冲突。我想多玩一会儿手机，他们不允许；有时我正在玩游戏，他们就收走手机；有时我正在做作业，他们突然推门进来，怀疑我在玩手机；要是我考试没考好，他们一定会说是因为我心里总想着玩手机，所以才没考好。他们还说，只要谈"手机"，我就给他们脸色看，我真是太冤了！

青春期，心理变化大

初中生正处于青春期，身体和心理都发生了很大变化。例如：他们勇于探索和创新，求知欲强，冒险精神剧增；他们觉得自己长大了，希望自己做决定；他们渴望完美，希望得到父母和他人的认可、赏识。由于生理和心理的一系列变化，他们在行为上会冲动、冒险，甚至不顾后果，在情绪和情感的表达上会不稳定、存在困惑。很多家长觉得青春期的孩子不可理喻，无法沟通，甚至与孩子产生

第三章 亲子沟通

诸多冲突。其实，只要方法得当，沟通并不难。

与青春期孩子沟通，需要技巧和耐心

建立良好的亲子关系，涉及家长的价值观、教育观、人格特征及必要的技巧。家长与青春期孩子之间出现冲突时，应该如何化解冲突，建立良好的亲子关系呢？

首先，沟通有道。沟通的技巧有很多，关键在于选择合适的。面对使用手机所产生的冲突，建议采用"共赢法"。所谓共赢法，是家长与孩子沟通协商，对解决方案达成共识，平等或相对平等地解决冲突和矛盾。第一步是界定问题（了解和澄清问题）。第二步是列出可能的解决方案（与孩子共同寻找）。上述案例中，可能的解决方案要根据实际情况而定，例如：周一到周五每天玩手机半小时，前提是必须写完作业，周六、周日玩手机2小时，做作业时手机不能放在身边；或者周一到周四不玩手机，周五晚上到周日每天玩2小时，作业要保质保量，做作业时手机不能放在身边。家长要和孩子共同商议方案，不能"一言堂"。第三步是评估所有解决方案（逐条列出，逐一评估）。第四步是确定双方都可以接受的方案。第五步是执行方案（获取一致的承诺）。第六步是追踪评估执行的结果。如果孩子不能遵守规则，或者方案有不足之处，家长要和孩子一起重新寻找解决问题的方法。

其次，贵在耐心。父母在面对亲子冲突时要有耐心，如耐心倾听：以尊重和接纳为前提，有"想听""不带主观判断地听"的真情实感与态度。上述案例中，小辉希望父母信任他，不要总怀疑他在玩手机，也不要把成绩不好完全归因于玩手机；父母应该耐心地听

听孩子的想法，帮孩子分析考试失分的原因，发现问题后要用足够的耐心去解决问题。

第三，处理好情绪。青春期孩子情绪起伏较大，家长也会时常心情烦躁，无论是孩子还是父母，都必须处理好情绪。上述案例中的谈"手机"色变，与双方的情绪处理不当有很大关系。当孩子的言行、情绪与自己的要求不符时，家长要先稳住自己的情绪，然后用冷静、包容、耐心的状态去面对问题、解决问题。同时，家长也要引导孩子科学、有效地调节自己的情绪。

（王娟）

第三章 亲子沟通

掌控青春期的"情绪风暴"

青春故事

15岁的九年级男生小凯，最近脾气变得越来越大。一次，因为考试失利，他愤怒地把书本全部撕掉，扔在地上。回到家后，妈妈关心地问了几句，他立刻大发脾气，冲出房间，把自己锁在阳台上，妈妈不得已只能选择报警。小凯的家人既担心又不解：原本开朗的孩子怎么变得如此情绪化？小凯自己也很苦恼：常常觉得莫名烦躁，遇到一点小事就会失控，过后又会感到后悔和内疚。

青春期是人生的重要阶段，许多青少年感到难以控制自己的情绪，常常被愤怒、沮丧、焦虑等情绪包围。这是因为，在青春期，

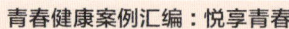

大脑仍处于发育阶段,尤其是负责理性思维和自我控制的前额皮质尚未完全成熟,而与情绪相关的边缘系统(如杏仁核)活跃度增高,容易使人做出情绪化反应,冲动行事。青少年该如何控制自己的情绪呢?家长又可以做些什么?

青少年,学习情绪管理方法

掌控情绪并非易事,但通过科学的方法和技巧,青少年可以学会更好地管理情绪,避免陷入负面情绪的循环。

❶ 情绪识别与觉察

学会识别自己的情绪是管理情绪的第一步。当你感到愤怒、悲伤或焦虑时,尝试停下来问自己:"我现在的情绪是什么?它是如何产生的?"写情绪日记是一个有效的方法,通过记录每天的情绪波动,可以更好地了解引发情绪的原因和模式。

❷ 深呼吸与放松技巧

当情绪失控时,"121呼吸法"可以帮助平复,即1秒吸气、2秒屏息、1秒呼气。深呼吸能增加大脑中的氧气含量,缓解紧张情绪。此外,渐进性肌肉放松、冥想和瑜伽等方法也有助于舒缓情绪,增强自我控制能力。

❸ 正念练习

正念是一种专注于当下的心理练习,可以帮助青少年更好地管理压力和情绪。通过正念练习,青少年可以学会不被过去的后悔或未来的焦虑所困扰,进而更好地处理当前的情绪挑战。

❹ 社交支持

青春期的情绪波动往往与社交环境密切相关。建立积极的人际关系、与朋友和家人交流情绪，是缓解情绪困扰的重要方式。父母、老师、心理咨询师等成年人也可以为青少年提供情绪支持与建议。

❺ 合理宣泄情绪

运动、绘画、写作等方式都是良好的情绪表达渠道。运动不仅有助于释放情绪，还可以增加体内的内啡肽，让人感到愉悦和满足。

父母，引导而非控制

青春期的情绪波动不仅是青少年的困扰，也是家庭的挑战，父母应帮助孩子学会情绪管理。在此过程中，父母需要做到以下几点：

❶ 理解与耐心

当青少年情绪波动时，父母的理解和耐心至关重要。责备和批评往往会加剧冲突，而冷静的沟通可以让孩子感受到支持和关爱。

❷ 创造安全的沟通环境

青少年可能会因为害怕被责怪而不愿与父母分享内心感受，父母可以营造一个开放、安全的沟通氛围，鼓励孩子表达情绪。

❸ 以身作则

父母的情绪管理能力对孩子有重要影响。通过示范如何有效应对压力和情绪，父母可以为孩子树立良好的榜样，帮助他们学会控制情绪。

（王一浩）

青春健康案例汇编：悦享青春

冲突不断的三口之家

青春故事

一个爸爸的求助：我儿子读七年级，经常和他妈妈起冲突。儿子的学习成绩不太好，我妻子的脾气也不太好，经常拿儿子和她同事的孩子比较，骂儿子没出息。此时，儿子就会顶嘴，出口伤人。我夹在他们中间很为难。因此，他们吵架时，我一般就当没听到，只有冲突比较激烈时，我才不得不管。我先和他们讲道理，但他们都不听；不得已，我只好揍儿子一顿。现在，儿子越来越不愿意理我们，前段时间考试成绩不好，竟然还离家出走了！我该怎么管好儿子呢？

夫妻关系重于亲子关系

通过这位爸爸的描述，我们似乎看到了一个挑剔的妈妈、一个逃避的爸爸和一个无助的儿子，家中"战火纷飞"、冲突不断。良好的家庭模式，应该由一个快乐的妈妈、一个有担当的爸爸和一个愿意努力的孩子组成。如何将现有模式转变为良好模式呢？首先要关

第三章 亲子沟通

注家庭中的两个关系：夫妻关系和亲子关系。

夫妻关系和亲子关系哪个更重要？可能超过一半的人会觉得亲子关系更重要。但事实正好相反，夫妻关系才是家庭中的第一关系。对于这个爸爸来说，关爱妻子，把妻子的部分注意力转移到自己身上，是改变的第一步。

巩固夫妻关系，改变亲子关系

爱情由三个部分组成：激情、亲密和承诺。大部分夫妻都是因为爱的激情走到一起的，当激情慢慢消退，承诺和亲密的部分会慢慢增加。孩子出生后，夫妻二人花在对方身上的时间变少，其实是有损亲密关系的。为了建立一个和谐美满的家庭，夫妻之间仍要用心经营感情。只有父母感情和谐，孩子才能更安心、更勇敢地去探索外部世界。上述案例中的爸爸还是值得表扬的，因为当儿子出言伤害妻子时，他选择了维护妻子。在教育孩子时，夫妻之间"统一战线"非常重要。

在亲子关系方面，妈妈对儿子的管教方式过于严厉，经常拿儿子和其他孩子比较，骂儿子没出息。这种家长对孩子不认可的言行，很容易造成孩子产生逆反心理，甚至破罐子破摔。其实，每个孩子都有自己的特点，家长要学会发现孩子的特点，并加以引导，营造和谐的亲子关系。

❶ **倾听孩子遇到的困难，针对性地给予指导**

当孩子考试成绩不理想时，家长可以和孩子一起分析原因：是因为考试当天状态不好影响了考试？是因为题目比较难，没有复习到？还是因为关键知识点没有掌握？厘清原因后，再给予相应的帮助，就事半功倍了。

❷ **关注孩子的努力，而不是只看结果**

家长应该关注孩子在成长过程中的努力，而不是只看考试成绩。如果孩子很努力，却没考好，还遭到训斥，等于是家长人为地给孩子制造困难，孩子会很伤心。长此以往，孩子对家长的信任就会渐渐消失。日常生活中，家长不仅要看到孩子的努力，还应该通过语言加以肯定和鼓励，比如："你辛苦了""你很棒"。

❸ **不要把自己的愿望强加在孩子身上**

不论何时，家长都不要把自己的愿望强加在孩子身上，也不要把"为你好"挂在嘴边。如果真的在意孩子，请先听一听孩子的心声。

家长们，还记得孩子出生之后，你第一眼看到孩子时的感觉吗？你一定是充满感恩、激动的，你可能还许下了希望孩子一生健康平安的愿望。如今，当孩子遇到困难，需要帮助时，请不忘初心，为孩子营造一个和谐温馨的家，即便犯错了也敢回来的家。

（钱婷婷）

第三章 亲子沟通

二宝出生，引发父子"战争"

青春故事

小顾上八年级那年，妹妹出生，妈妈的生活重心转移到妹妹身上。身为民警的爸爸老顾工作很忙，再加上疫情影响，在家的时间越来越少。被忽视的小顾开始厌学，成天泡在网上，脾气暴躁，成绩直线下降……面对如此现状，老顾和小顾这对父子爆发了无休止的战争，一见面就争吵。老顾一气之下，把小顾送回了老家。

青春期，心理适应容易出问题

青春期充满变化，在此阶段，如果存在外部环境突然改变、亲子沟通不畅、得不到理解等因素，孩子的心理适应比较容易出问题。妹妹的出生，导致小顾家庭地位发生变化，加上疫情期间居家学习、长时间不与同伴交往、网络使用增加、成绩下滑等因素，引发了一系列负面情绪。而老顾没有与儿子进行有效沟通，导致矛盾一步步升级。一方面，我引导小顾提升责任感和独立自主性，主动接受和适应角色的转变。另一方面，对于老顾，我提醒他认真倾听儿子的心声，增加亲子陪伴，做到有效沟通。在我的建议下，老顾参加了社区开展的"沟通之道"培训，也通过书本学习了一些亲子关系处理方法。小顾上初三后，逐步适应了哥哥这个新角色，与老顾的关系大大缓和，后来顺利进入高中阶段的学习。

二孩家庭，"老大"需要被关注

二孩出生后，原来的独生子女忽然成为家里的"老大"，曾经的家庭焦点地位被改变，父母的关爱和陪伴减少，"老大"会产生嫉妒、不安、焦虑、易怒等情绪。对此，父母应当给予"老大"足够的关注和理解，接纳孩子的情绪变化，引导其适应新的家庭氛围和角色。

增强沟通，培养"老大"责任感

在与"老大"的沟通上，父母首先要努力做到积极倾听，保持耐心、接纳、理解、平和的态度，不要急着做出评判或指责；其次，要用积极的语言表达自己的想法和感受，而不是把注意力放在批评或指责上，这样可以让孩子更好地听从自己的建议。在日常生活中，父母应找寻与孩子的共同点，分享感兴趣的话题，尊重孩子的独立性和自主性，不强迫孩子接受自己的意见和想法，从而建立互相信任和尊重的关系。父母可以与孩子约定时间，定期沟通，及时了解孩子的近况和需求，助力孩子健康成长。

青春期孩子在与家人保持密切关系的同时，还需要不断增强独立性，增加同伴交往。父母可以利用适当的时机，引导"老大"逐

第三章 亲子沟通

步适应角色变化,增强其家庭责任感,比如帮忙照顾弟弟妹妹、承担部分家务等。这种责任感有助于孩子学会关注他人、照顾他人、分享爱。同时,父母也应该鼓励孩子多与同龄人交流,积极参与集体活动,这对青春期孩子的成长有很大的促进作用。

(许红兵)

青春健康案例汇编：悦享青春

父亲爱女儿，要学会"避嫌"

青春故事

老韩是个"宠女狂魔"，女儿已经上初中了，他还是经常与女儿手拉手、搂搂抱抱，甚至毫不避讳与女儿亲吻等行为。对此，女儿早就习以为常。老韩经常说："女儿是父亲上辈子的情人，我疼她天经地义；孩子还小，亲亲热热怕什么……"

性别意识，从2岁开始萌发

通常来说，2岁左右的孩子就会意识到男孩和女孩的身体差异。3岁左右，大部分孩子能清晰地表达"我是男孩"或"我是女孩"。

4岁左右，孩子的性别意识基本形成，他们会开始通过更加明显的行为来展示他们的"性别认同"，区分哪些是"男孩做的事"或"女孩做的事"。比如：女孩更倾向于玩洋娃娃，男孩更倾向于玩小汽车或士兵打仗的游戏。

第三章 亲子沟通

正确引导，培养孩子的界限感

2～4岁的孩子开始形成性别意识，对异性抱有极强的好奇心和探索欲，家长需要正确引导。比如：教孩子认识自己的身体和异性身体，告诉孩子哪些部位最为隐私，任何人都不能看、不能碰，只有在家里、去卫生间和洗澡时，才能脱衣服，等等。4～6岁是孩子建立性别界限的阶段，家长要告诉孩子与他人亲密的分寸。比如：异性不能触碰自己的隐私部位，也不能对嘴亲吻。日常生活中，家长要慢慢培养孩子的身体界限感和自我保护意识，让孩子对性有正确的认识，从而减少他人的"隐形侵害"。

父女相处，如何把握分寸

俗话说，"儿大避母，女大避父"。虽然道理浅显易懂，但不少父母很难把握好分寸。爸爸与女儿相处时，具体应当怎么做呢？

一要回避女儿的隐私部位和具有"性意味"的接触。当女儿性别意识萌发后，爸爸们要避免给女儿洗澡、换衣服，这是对女儿身体界限感的尊重，也是性启蒙教育的关键一步。从3岁开始，女孩应该尽量避免与父亲有类似"亲吻"的接触，尤其是嘴对嘴亲吻，否则容易造成困扰，刺激性意识发展。

二要避免在女儿面前裸露身体。有些爸爸在家里不太注意穿着，甚至会裸露身体，可能会使女儿的性意识过早被激发。

三是要尊重女儿的隐私。孩子3岁之后，家长应学会尊重孩子的意愿，不侵犯孩子的隐私。如果爸爸想进女儿的房间，要先敲门，征得女儿同意。如果女儿在洗澡，爸爸不可以进入浴室。只有尊重孩子的隐私，保持适当的界限，才能促进孩子的身心健康发展。

世间所有的爱都是为了相逢,唯有父母与子女的爱是指向分离。孩子是独立的个体,不是父母的私有物。保持分寸,保持距离,是最基本的相处之道。因此,父亲要适时与女儿"划清界限",学会"避嫌",掌握相处的分寸。

(仇晓艳)

第三章 亲子沟通

重组家庭的孩子,需要更多关注

青春故事

瑶瑶10岁时,父母离婚,她与妈妈相依为命。过了几年,妈妈再婚并育有一女,瑶瑶的生活中加入了继父和妹妹。随着新家庭的形成,妈妈的重心发生了转移,瑶瑶觉得与妈妈之间的沟通越来越少。她觉得自己被忽视,逐渐变得沉默寡言、敏感多疑,愈加孤独和自卑,有时又会很暴躁。原生家庭的破碎让瑶瑶迷失和不安,而在重组家庭中,她视继父为陌生人,觉得自己是家中多余的一员。

父母离异、再婚,孩子容易受伤

面对父母离异和再婚带来的变故,瑶瑶产生忧郁、自卑等负面情绪,亲子关系亦出现裂痕。需要有人帮助瑶瑶摆脱因家庭结构变动所引发的心理困境,接受家庭重组的现实,适应家庭环境的转变。同时,需要促进瑶瑶与继父建立和谐的相处模式,构筑稳固的亲子关系,推动她的健康成长。

在社工的引导下，瑶瑶的妈妈增加了对女儿的关注，与她进行深入对话，母女之间的情感得到重新连接。慢慢地，瑶瑶与妈妈的关系明显好转，她得知父母对自己的爱并未减少，只是没有表达出来，因此负面情绪逐渐化解。她也能够理解，继父的加入是为了分担母亲的责任，更好地照顾自己，因此与继父的关系也逐渐破冰。

家庭环境塑造人，也可能摧毁人

家庭是社会的基石，是孩子成长的第一个课堂。家庭环境，包括家庭氛围和成员行为等，会对孩子产生深刻的影响，既能塑造人，也能摧毁人。在孩子的成长旅途中，父母务必及时关注孩子的心理变化，倾听他们的心声。如果孩子出现负面情绪，父母要及时关注、疏导，帮助孩子健康快乐地成长。

（顾春柳）

第三章 亲子沟通

怎样与孩子谈性

青春故事

性成熟是人成长过程中必不可少的环节。在青春健康"成长之道"培训中,被问及由"性"会联想到什么时,青少年们的答案各种各样:从男性、女性到避孕套,从亲吻到做爱,从生孩子到强奸……有羞涩的,也有大胆的;有朦胧的,也有直接的;有正面的,也有负面的。性到底是什么?家长应该如何与孩子谈性呢?

性,兼具生理性、心理性和社会性

说到性,很多人的第一反应或许是狭义的,如第二性征、性欲、男女生殖系统、性交、怀孕与分娩等。其实,这些都是生理层面的性,与生俱来。随着年龄增长和生长发育,青春期的孩子往往会对自己的身体变化感到迷茫,家长要帮助他们科学看待,悦纳自己。

对自己性别的认同,个人的身心发展,对同性与异性的情感及欲望,对恋爱和婚姻的认识和抉择,等等,都属于性的心理层面。每个人的心理性别是自己选择的结果,人们追求的是一些美好品质,如温柔、美丽、勇敢、坚强等,而不是简单的性别划分。性道德和价值观、繁衍及传承、社会涉性问题(性侵害、性交易、性少数群体平权等),以及现行法律中保障性权利、限制性暴力的条款和表述,都是性的社会层面的表现。

从社会的角度来看,性文化是人类文明的重要组成部分,社会发展、文化背景、生活环境也影响着每个人的性观念。对每个人而言,性是责任、权利,而不是义务,是自我意愿的体现,性行为的过程和结果都需要相互尊重和注重安全。

与孩子谈性,家长应掌握四个关键

生物学教授贾雷德·戴蒙德在《第三种黑猩猩》这本书里说:"除了人类外,还没有任何一个物种的性行为与怀孕之间是如此缺少关联。"性是种族延续的方式,更是爱的表达,所有的性都应该是出于自我意愿、美好、安全、负责任的,能带来愉悦和幸福的。

青少年需要了解与性有关的知识和信息,家长应该正确引导,以免孩子被错误、过度和模糊边界的信息误导。面对孩子对性的疑问,家长该怎么说?什么时候说?有什么沟通技巧?掌握以下四个关键,可以让上述问题变得不那么困难。

❶ **时间**

当孩子发出第一个涉及性的问题时,就是开始进行性教育的最佳时机。比如,当孩子有这样的疑问时:"冬冬说他是他爸充话费送的,我呢?""为啥弟弟有'小尾巴',而我没有?"性教育是一个漫长的过程,不同阶段的教育内容不一样,家长要善于抓住生活中的性教育时机,给孩子传递科学的性知识、性观念。

❷ 态度

坦诚地交流和沟通是最真诚和有效的。家长应自然地与孩子谈论性的话题，不要遮遮掩掩、欲言又止。家长的表情、语气、姿态、眼神等都表明了自身对性的态度，都会对孩子如何看待性的问题产生影响。

❸ 方式

与孩子谈性，家长应采取科学的方式。比如：肯定孩子谈论性的勇气和态度，深入了解孩子想要问询的内容和已经掌握的信息，事先准备好科学的知识和技能，用准确的词语简练地表达，等等。

❹ 结尾

每次与孩子谈性的结尾，家长都应该鼓励孩子，认可孩子对知识的好奇和需求，为下一次沟通做好铺垫和准备。

（白云）

青春健康案例汇编：悦享青春

与青春期的孩子谈谈性

青春故事

聪聪今年 16 岁，与一名女生特别要好。有一次放学时，聪聪的妈妈正好路过学校附近，发现儿子出了校门后赶上一位女生并同行了一段，举止有些亲密。看到这一场景，她心想：儿子是不是在谈恋爱了？他们会不会做出格的事情？该怎样与儿子谈一谈呢？

聪聪妈妈的担忧是合理的。由上海社会科学院发布的《上海社会发展报告（2019）》蓝皮书显示：初中生有过接吻体验的比例是 8.7%，高中生、大学生的这一比例分别为 24.9% 和 40.6%；有过性行为体验的高中生、大学生分别占 8.3% 和 13.7%。调查还显示，青少年对婚前性行为的接受度正在增加，认可即使没有爱情也可以发生关系的男女比例分别为 20.5% 和 7.2%。可见，对青春期孩子的家长来说，坦诚地与孩子谈一谈关于性与健康的话题，十分有必要，且永远不嫌早。

与孩子谈性，会不会引发好奇

有些家长担心：我与孩子谈性，会不会引发他对性的好奇，促进性行为的发生呢？答案是不会。

有研究发现：如果父母经常与孩子提起性问题，孩子发生性行为的概率较低；与父母谈论过性问题的青少年更有可能采取安全套等避孕措施。这些研究告诉我们，家长不要怕与孩子沟通性问题，与孩子主动沟通，可以帮助孩子更好地理解性，有可能推迟孩子的性行为，使他们获得健康、安全的性行为。

与孩子谈性，可以循序渐进

孩子开始发育时，他会注意到身体的一些变化，会产生一些疑惑。这是一个很好的时机，家长可以与孩子谈谈发育、性和健康关系。

首先，家长应听听孩子的问题和他们的经历，保持开放的态度。在回答孩子的问题后，可以问问孩子是否得到了满意的答案，并告诉孩子，如果有问题可以随时问。

其次，家长应了解孩子的感受。虽然家长可能觉得青春期的爱情并不严肃，但对处于青春期的孩子而言，这是他们第一次感受到的浪漫情怀。因此，家长不要否认、批评孩子的感受，而要让孩子知道，你可以理解他的感受，可以帮助他建立健康友好的关系，确保生活和学业正常、有序。

第三，青春期是青少年学习健康人际关系的关键时期，其中包括尊重、沟通和信任，家长可与孩子谈谈，怎样的关系是舒服的、可接受的、相互尊重的。日常生活中，家长可与孩子分享有关健康人际关系的故事，让孩子进一步认识怎样的关系模式是良好的、健康的。同时，家长可以提醒孩子，与任何朋友交往时，他们有权在任何时候停止任何让他们感到不舒服的关系。

第四，家长应给孩子传递科学的观念和知识，包括学会自我保护、不要过早尝试性行为、发生性行为要注意避孕和预防性病等。亲子之间关于性健康的交流，不可能一次完成，家长应根据孩子年龄与发育情况，适时提供相关信息。

第五，在信息时代，家长应与孩子讨论网络交友的安全问题，引导孩子保护好自己，避免受到不良信息和人员的侵害。

（崔民彦）

第三章 亲子沟通

别让青春期异性交往"秒杀"亲子关系

青春故事

"最近常有男生和女儿聊天,我担心她'早恋',于是趁她去洗手间时偷看她的微信聊天记录,结果被她撞见了。女儿和我大吵一架,已经一周没跟我说话了……"一位八年级女生的妈妈着急地来青春健康俱乐部咨询。

许多家长发现青春期孩子与异性交往后,往往精神紧张,如临大敌,存在诸多担心:青少年与异性交往是"早恋",会影响学业,他们还可能会"偷尝禁果"。

青春期异性交往的三个真相

❶ 青春期异性交往是很自然的事

进入青春期,青少年不但身高、体重、外形等发生急剧变化,身体内部也发生一系列"质变",男生出现遗精,女生迎来月经。这一切变化，使青少年对自己的身体和异性产生浓厚兴趣，对两性关系产生朦胧意识，萌生与异性交往的强烈欲望，这是伴随着生长发育而自然产生的正常心理和情感变化。

❷ **异性交往有利于青少年身心健康**

异性交往对青少年身心的健康发展具有独特作用和价值。在与异性交往的过程中，青少年可以增加对异性的了解，形成个性方面的互补，获得安全感和稳定感，学会与异性相互尊重、平等相处，增强与异性相处的自信、自尊感，为将来与终身伴侣和谐相处做准备。

❸ **自然、适度的异性交往不会影响学习**

只要父母正确看待，不大惊小怪，青春期男孩和女孩的友情并不都会影响学习。相反，它可以变成学习的动力。男孩和女孩在一起学习，不但能更好地激发他们内在的积极性和创造力，而且有助于他们取长补短，互相帮助和促进，进而提高学习效率。

父母与青春期孩子沟通的四个要点

❶ **加强知识教育**

父母应通过各种形式对孩子进行青春期相关知识的传授，帮助孩子消除对性的神秘感，以正确的态度面对青春期，科学地认识自身的生理和心理变化，处理好友谊、异性交往等方面的问题。

❷ **明确异性交往准则**

简而言之，青春期异性交往的准则是自然、适度。家长要引导孩子以正确的态度与异性相处，比如：尊重是前提，过分冷漠或过度亲昵都是不可取的；交往的范围应广泛；交往的场合应公开；交往的态度应真诚、信任；交往的方式应自然、大方。

❸ **厘清友情与爱情**

家长应帮助孩子区别友情与爱情：爱情建立在异性间友谊的基础上，但异性间的友谊并不一定会发展到爱情；友情不涉及性需求，而爱情常伴有对性的需求；等等。在掌握必要的知识和技能的基础上，青春期孩子应该学会做出健康、安全、负责任的决定。在此过程中，家长要引导孩子在学习和思考中慢慢成长。

❹ **积极倾听，真诚沟通**

家长应该转变对青春期异性交往的错误观念，平等、真诚地对待孩子：积极倾听，了解孩子内心的真实想法；坦诚地把自己的想法和态度告诉孩子；让孩子懂得"学习知识、健康成长"是青春的主旋律。家长还应该让孩子知道：当发现自己对异性有不同寻常的情感时，如何向家长、老师、同伴等寻求帮助；当异性向自己示爱时，如何坚定而礼貌地拒绝。

（郭芸繁）

青春健康案例汇编：悦享青春

不能说的秘密

青春故事

　　一天，17岁的雯雯放学回家后告诉妈妈，她的闺蜜佳佳怀孕了，不敢告知父母，又不知道该怎么办。没想到，妈妈脱口而出："这么丢人的女孩儿，就应该打断她的腿，你以后可不要和她一起玩。好好学习，离这种坏孩子远一点！"说完，妈妈便去厨房准备晚饭了，留下雯雯一个人坐在沙发上，若有所思……

　　雯雯很害怕，她不敢告诉妈妈，其实怀孕的不是佳佳，而是自己。如果对妈妈说了真话，会发生什么事？难道这是永远不能和爸爸妈妈说的秘密吗？同为高三学生的男朋友也不知所措。

青春期意外怀孕，后果严重

　　男孩进入青春期意味着有了生育能力，如果发生性行为，女孩就有怀孕的可能。但是，青春期女孩的生殖器官发育还不成熟，如果怀孕，孕期和分娩过程中的风险较高。更为重要的是，青少年应对和承受意外怀孕的心理和社会因素条件严重不足,一旦发生意外怀孕,会对学习、生活、家庭和未来的人生产生极大的负面影响。家有青春期孩子,父母应该更加重视亲子交流,避免态度粗暴,以免使孩子不敢说出实情,进而导致更严重的后果。

科学引导,做孩子的坚强后盾

婚前性行为、意外怀孕、感染性病或艾滋病,是世界卫生组织关注的青少年性健康三大严重问题。对青少年性教育模式的争议之一,是要不要提供避孕知识教育及服务。联合国教科文组织曾对全球 87 项旨在减少青少年意外怀孕和性病艾滋病感染的研究进行了分析,结果显示:强调禁欲并同时讨论避孕方法的使用,并不会导致性行为增加;相反,部分青少年推迟了首次性行为的发生,部分青少年的性行为发生率有所下降,部分青少年的性伴侣有所减少。进行恰当的性教育,预防青少年过早发生性行为及意外怀孕,父母责无旁贷。

首先,父母应该引导孩子正确地理解性行为。性是自然和正常的事情,青少年希望了解与性有关的知识是正常的,父母不可对其进行曲解。同时,父母要让孩子明白:是否发生性行为是自己的选择,不受他人强迫,自己的决定一定要经过深思熟虑;要弄清楚性行为可能带来的后果和应负的责任,从而做出健康、安全、负责任的决定。

其次,父母应让孩子了解科学的避孕方法。在此之前,父母自身要正视这一问题,不要觉得羞于启齿,否则难以给孩子传达正确的观念。然后,父母可以通过一些书籍、宣教活动、纪录片等,适时让孩子了解避孕方法（使用安全套、口服避孕药等）。同时，要让孩子了解到：避孕措施是否有效，建立在"正确使用"的基础上，没有哪一种避孕措施的效果可以达到100%，避免意外怀孕的最好方法是不发生性行为；避孕措施可以使人免受意外怀孕的困扰及可能带来的身体伤害，但不能完全保护心灵和情感不受伤害；在发生性行为时采用适当的避孕措施，是对自己对他人负责任的表现；等等。

  第三，当孩子意外怀孕或有意愿沟通相关问题时，父母应冷静对待，平等沟通，不要态度粗暴、一味指责，甚至辱骂孩子。当孩子以身边人或听说某某人发生某某事等为话题开端时，父母应警惕其语言背后的含义：可能这件事已经发生在孩子身上，孩子正在试探父母的想法。此时，家长要与孩子真诚沟通，让孩子知道，你是她（他）的坚强后盾，无论发生什么事，你都愿意提供支持和帮助，你们之间没有不能说的秘密。

（刘洋）

第三章 亲子沟通

邻居叔叔的性骚扰

青春故事

小菲今年13岁，8岁那年父母离异后，便与奶奶和继爷爷同住，直到近期才和爸爸共同生活。在她与奶奶和继爷爷同住期间，奶奶有时请邻居叔叔帮忙接送她上下学，让邻居叔叔与她有了单独相处的机会。在她12岁时，曾发生过被邻居叔叔触摸身体的情况，她感到很不舒服。她向奶奶说明了情况，奶奶却不以为然，小菲感到无奈、无助与失落……

隔代教养，青春期教育缺失

学校里，小菲参与"青春健康"活动，在多次互动与分享后，与我们建立了信任关系。而后，她向我们诉说了这个困扰她很久的烦恼。

我们了解到，因为隔代教养，小菲的言行举止比较粗线条、大大咧咧，与同伴或异性相处时的边界感也较为模糊，对此，并没有人提醒或引导她。此外，奶奶喜欢打麻将，家里时常有邻居进出，邻里之间比较熟悉，因此当她将受到邻居叔叔类似"性骚扰"的行为告诉奶奶时，奶奶会显得轻描淡写，也没有回应她的情感需求，给予安抚或指导。

我们觉得家人对小菲的青春期教育比较欠缺，于是为她讲解了青春期女生的生理发育、卫生保健知识和技能，并结合"身体红绿灯"的卡通图例与她探讨自我保护的方法和技巧。

在了解到小菲喜欢在线上、线下结交朋友，且时常与同伴外出聚会玩耍，甚至偶尔会不分昼夜时，我们与她探讨了社交安全、网络安全等话题，主要针对异性交往的原则、注意事项等进行交流，引导她在关注并满足情感需求的基础上，要确保自身安全。同时，结合同伴交友圈的探讨，教会她根据"信任值"来确定遇到紧急事件时可以联系和求助的对象。

家长应关注孩子需求，不让坏人有机可乘

《未成年人保护法》规定，未成年人的父母或其他监护人应该为未成年人提供生活、健康、安全等方面的保障，关注未成年人的生理、心理状况和情感需求。在隔代教养的青少年家庭中，祖辈对青少年的青春期健康与自我保护教育普遍缺失，且在情感需求的关注和回应中也可能有所欠缺。

在日常生活中，家长应该建立正面的家庭与亲子关系，积极关注并回应孩子的需求，表达并传递关爱与保护；应当教育孩子在受到性骚扰、性侵害时，第一时间向父母、老师提出，做到伤害最小化；也应该多向孩子灌输自我保护的知识，让孩子树立安全意识。

（张辰佳　庄蕾）

第四章

社交与安全

青春健康案例汇编：悦享青春

孩子，别盲从"同伴压力"

青春故事

在青春健康培训课堂上，一位同学说出了自己的烦恼："几个比较要好的男女同学常在空闲时间成双结对地聚在一起吸烟、喝酒，他们每次都拉上我，总嘲笑我仍是'单身狗'。我不喜欢这样做，但如果拒绝他们，又显得我不合群。该如何是好？"

我们一般把与自己年龄、地位、所处环境等相似的人称为同伴，同伴们聚在一起形成群体。群体会对个人施加影响，促使个人改变态度、价值观或行为，遵守共同的群体准则，这就是同伴压力。

青春期是青少年发展和建立价值观、人生观、世界观的重要时期，同伴是青少年获得归属感和存在感的重要来源。身处青春期的青少年尤其渴望得到同伴的接纳和认同，常常因害怕被排挤而被迫做出某种决定，无论这决定是对还是错。好的朋友和同伴可促进青少年健康成长，这是同伴压力的积极影响。同伴压力也可能产生消极影响，鼓动个人做出不负责任，甚至违法的行为。有研究显示，

第四章 社交与安全

同伴压力是影响青少年首次尝试饮酒、吸烟、滥用药物、无保护性行为的重要因素。

青少年为何深受同伴压力影响

从个人层面看,青少年的心智发育尚未成熟,控制情绪的能力不足,容易受极端情绪的影响,缺乏做出理性判断的能力,往往缺乏自信,没有明确的人生方向,没有健康的个人爱好,容易沮丧,与家人关系疏远,缺少人际支持,更渴望同伴交往,更容易屈服于同伴压力。

从群体层面看,不清楚自己在一个特定同龄群体中的位置,对自己缺少同伴有恐惧感,担心与朋友关系不牢固,觉得朋友很容易会无缘无故背叛自己,都会使青少年屈服于同伴压力。

怎样正确面对同伴压力

一方面,要发挥同伴压力的积极作用。积极的学习态度、良好的生活习惯、宽厚的处事方式等良好品格会产生正面影响,与具有这些品格的同伴交往,有利于孩子不断提升自己,形成良好的个性特征,朝着积极向上的方向发展。父母要关心、关注孩子的"朋友圈",以尊重、接纳的态度了解孩子有哪些同伴,希望得到哪些同伴的认可,在同伴群体中处于什么位置等情况,帮助孩子慎重选择有共同兴趣、真诚、友善、正直、有责任感的同伴。

另一方面,要抵御同伴压力的负面影响。自信心、自我认同感强的孩子,有自己的行为准则,对同伴压力的负面影响有较强的

"抵抗力"。父母应引导孩子增强自信,还应教给孩子应对同伴压力的正确方法。许多孩子以为说"不"会损害朋友间的感情,因此不敢说出自己的真实想法。家长要让孩子明白:委曲求全并不是解决问题的办法,如果分歧客观存在,恰当的做法是尊重自己内心的意愿,把自己的感受表达出来;做任何事都要对自己和他人负责任,如果遇到自己无法解决的问题,要积极寻求父母、老师和其他值得信任的人的帮助,必要时要勇于利用法律武器来保护自己。

(王悦)

第四章 社交与安全

青春期的朋友去哪儿了

青春故事

14岁的小琳曾经有一群要好的朋友,升入初中后,大家似乎渐渐疏远了。进入全新的环境,她发现自己和以前的好朋友不再有共同话题,甚至有时候感觉被排斥。小琳很想融入新的朋友圈,可又不知道如何开口,常常感到孤单。看着其他同学在课间有说有笑,她越来越焦虑,不知道为什么自己的人际交往能力逐渐消失了。

"桃花潭水深千尺,不及汪伦送我情",这句诗描述了朋友之间的深厚感情,千百年来一直让人感慨和向往。然而,人际交往是否总是一帆风顺?我们是否总能拥有朋友?事实并非如此,尤其是在青春期这个变化多端的阶段,青少年往往会在人际交往中遇到各种挑战和烦恼。

青春期,人际交往为何如此重要

青春期是青少年生理和心理迅速发展的时期,也是人际交往的关键阶段。在这个时期，青少年往往会感到比以往任何时候都更加孤独，他们的重心逐渐从家庭转向朋友，花更多的时间和同伴在一起，渴望被同伴接纳，并对朋友的评价极为看重。这种情感需求可以说是与生俱来的。

实际上，幸福感的重要决定因素之一就是良好的社会关系。科学研究表明，社交需求和身体奖励在大脑中共享着相同的神经网络。人类大脑对金钱奖励和社会认可（如夸奖或接纳）有相似的反应，同时，社交痛苦和身体疼痛也会激活大脑的同一区域。这说明，良好的人际关系对一个人的心理健康至关重要，尤其是在青春期，建立健康的社交圈能够帮助青少年更好地应对这个阶段的变化。

青春期人际交往三大特点

❶ 渴望真诚的友谊，但害怕受挫

在青春期，青少年的自我意识处于蓬勃发展期，这是形成自我认同感的关键阶段。他们会渴望摆脱家庭束缚，寻找属于自己的独立空间。这时，他们更容易被新奇的人和事所吸引，期待能够结交志同道合、无话不谈的朋友。然而，尽管他们渴望建立真诚的友谊，却也十分害怕在人际关系中受挫。他们可能会过度在意自己的形象以及他人的评价，一旦遭遇挫折或不被理解，便可能感到沮丧，甚至感到被整个世界抛弃。

❷ 重情感轻功利，但易情绪化

青春期的友谊常常是纯粹的，青少年不会过于关注功利性，只要彼此聊得来、玩得来，就能迅速成为好朋友。他们愿意为朋友倾心投入，甚至有时不惜"两肋插刀"。然而，当代青少年往往在原生家庭

第四章 社交与安全

中得到过度保护，因此情绪波动较大，遇事容易冲动。一旦朋友之间出现矛盾，如误解、爽约或背后议论等，友谊可能会瞬间破裂。他们可能会放狠话、拉黑朋友或直接冷处理，但往往不久后又会后悔。

❸ 性意识萌发，对关系产生憧憬

性成熟是青春期的一个标志，荷尔蒙驱使着青少年开始对异性产生好奇和憧憬。他们渴望与心仪的对象建立亲密关系，体验浪漫的情感。然而，由于社会经验尚浅，青少年对两性关系的理解仍然比较单纯，也因此容易在这段时间内出现越界或受挫的风险。如果没有正确引导，感情问题可能会对他们的心理健康产生负面影响，留下痛苦的回忆。

五条核心，培养青春期社交能力

良好的人际交往能力不仅可以帮助青少年建立稳定的友谊，还能为他们未来的生活奠定坚实的基础。那么，青少年应如何培养自己的人际交往能力呢？

❶ 诚实守信

无论是朋友关系还是任何形式的人际交往，诚实守信是最基本的品质。青少年在与朋友交往时，要谨言慎行，尽量做到言出必行。过于轻率的承诺往往会因无法兑现而让人失望，从而破坏自己的信誉。为了获得真正的朋友和持久的友谊，青少年必须明白，诚信是建立信任的基石。

❷ 宽容理解

没有人是完美的，朋友也不例外。青少年应学会用宽容的眼光看待朋友的缺点，更多地关注他们的优点。换位思考是解决人际关系冲突的有效方法。当出现误解或争执时，双方都应给予彼此理解的空间，避免过度情绪化，这样有助于维护长久的友谊。

❸ 尊重他人

每个人都有独立的思想和不同的成长背景。青少年需要意识到，世界上不存在完全一致的观点。尊重他人的想法不仅是一种教养的体现，也是社交过程中建立互信的关键。通过接纳他人的差异，青少年可以在复杂的社会关系中游刃有余。

❹ 热情友善

青少年在交友过程中，应尽量保持热情和友善。研究表明，愿意帮助他人的人往往拥有更好的情绪健康。在人际交往中，热心帮助朋友，不仅能够增进友谊，还能从中获得自我价值感和满足感。因此，青少年应乐于助人，从帮助他人中提升自信心。

❺ 自我成长

"有趣的灵魂"更容易吸引"有趣的灵魂"。如果青少年希望结交优秀的朋友，首先需要提升自己。广泛的兴趣爱好、丰富的知识储备以及得体的仪表都会让他们在人际交往中更加自信。此外，谨慎选择朋友也至关重要，避免交往那些会对自己产生负面影响的人，也是一种自我保护的方式。

家长助力，帮孩子交朋友

除了青少年自身的努力之外，家长的引导和支持同样不可或缺。家长应认识到人际交往在青少年成长中的重要性，不要把问题简单归因为"青春期叛逆"而忽视。相反，家长应积极帮助青少年应对人际关系中的困扰，提供建议，并鼓励他们与朋友进行积极的沟通。

（王一浩）

第四章 社交与安全

在社会交往中，学习自我保护

> **青春故事**
>
> "同学约我出去玩，当我到达约定地点后，发现他还邀请了几个我不认识的人，让我感到有点不自在……"
>
> "我和他是在一个游戏群里认识的，偶尔聊上几句，后来他加我为好友，于是我们开始频繁地单独聊天，出去吃饭、看电影……"
>
> 在日常工作中，时常听到青少年分享自己的故事。他们渴望社会交往，但有时又难免会有些困扰。青少年是否需要社会交往？在社会交往中，该怎么学会自我保护呢？

满足需求，有助成长

正如人格社会心理发展理论所言，处于青春期的青少年对周围世界有了新的观察与思考方法，他们从别人对他的态度中，从自己扮演的各种社会角色中，认识自己现在与未来在社会生活中的关系。进入青春期，青少年开启了全新的人际交往模式，他们走向社会，热衷于同伴交往,甚至更广阔的社会交往,这一时期对个人发展来说,有着无可取代的重要性。

对青少年而言,社会交往可以满足情感发展的需要。进入青春期后,适当的社会交往可以帮助青少年互相倾诉,获得情感支持,学习情感交流方法;当遇到困难与挫折时,同伴交往有助于梳理情绪,获得安慰和鼓励。

社会交往可以帮助青少年获得不同的成长体验。每个人都有自身的优势与特长,社会交往是一个相互学习、优势互补和完善自我的重要途径,有助于青少年在智力、气质等个性发展中获得不同的成长体验。

社会交往可以让青少年收获友情。那些年龄相仿、有着相同兴趣爱好和理想的伙伴,会随着时间的积淀和生活的历练,成为最重要的交往对象,甚至相伴一生的挚友。

行为设限,保护自己

青少年身心发展不成熟,面临着诸多矛盾:自我意识增强,渴望独立,但仍依赖父母;渴望与同伴交往,又有些羞怯;渴望尝试新鲜事物,标新立异,但缺乏辨别能力;等等。因此,家长和老师需要适时给予引导和示范,帮助青少年提升思辨能力和处理问题的能力,更好地保护自身安全。

不同的社交场合可能存在不同的风险,家长和青少年应当提前在日常沟通或社会热点等讨论中,探讨社交场合中可能存在的风险和隐患,增强风险意识,并学习适当的预防措施,为自己的行为设限。辨析社交风险时,要明确安全第一的原则,可以结合场合、参

第四章 社交与安全

与对象、风险物品等进行综合考量。

若身处险境,青少年要时刻保持警惕,大胆沟通,小心防卫。一方面,态度坚定、语言有力、言行一致地说"不",并转身离去或利用人群力量吓退对方;另一方面,尝试智取,将可能的伤害降到最低,如收集身份信息、长相特征、对话录音等,留下证据,以备报案。经历不良事件后,可以选择向信任的家人或亲朋倾诉,寻求支持并想方设法避免事件再次发生。若涉及网络性骚扰等行为,应立刻拉黑对方,寻求亲朋帮助;同时向事发平台举报,提供相应证据;若情节严重,应报警处理。

(庄蕾)

青春健康案例汇编：悦享青春

来自同学的冷落和辱骂

青春故事

高二女生小美的倾诉：我们几个女生经常在一起玩，最近因为我的一两句话得罪了她们，她们开始冷落我，在朋友圈含沙射影地骂我，并鼓动班上其他同学不跟我玩。更有甚者，她们有一次趁教室里没其他人时又骂我，还往我脸上吐唾沫。我已经向她们道歉了，但于事无补。为此，我非常痛苦，上课时思想不能集中，一直在想我做错了哪一点，或者我是多么不堪的一个人……我把这件事告诉了爸妈，可是他们不理解我，还叫我算了，不必跟她们计较，忍一忍就会过去的。我该怎么办呢？

校园欺凌不少见

类似小美的遭遇在学校中并不少见。校园欺凌形式多样，如暴力欺凌（身体上的欺凌行为）、言语欺凌（辱骂、嘲弄、恶意中伤）、社交欺凌（排挤、人际关系对立）、网络欺凌（用手机短信、电子邮

第四章 社交与安全

件、微博、微信等散播谣言，中伤他人）。校园欺凌通常反复发生，也就是说，受欺凌者不止一次地被欺负。

欺凌事件发生时，受欺凌者处于弱势地位，往往无力保护自己，通常采取逃避、退缩、忍耐等方式来应对。长期下去，会导致他们的自我评价降低，自我认知非常消极。

支持、认同、面对，帮孩子远离校园欺凌

孩子在成长过程中，不可避免地会与外界发生接触，认识更多的人，与更多的人打交道。大多数家长一想到孩子孤立无援、被人欺负，都会焦急、难受、愤怒、伤心。那么，当孩子遇到欺凌时，家长该如何处理呢？

首先，态度上应支持、接纳。家长要让孩子知道，爸爸妈妈是无条件支持他的。这样，孩子就会比较有安全感，从而对校园欺凌有面对和反抗的勇气。在日常生活中，家长应与孩子共同面对和解决问题。有了这样的信任基础，孩子受到欺负后会第一时间向父母求助，有助于问题的早发现、早解决。

其次，情感上应认同。当孩子讲述自身遭遇时，家长应全神贯注地倾听，不要打断孩子，也不要仓促地给出建议，而应适时共情，比如："那挺难受的吧？""是不是觉得很难堪？"当家长能够感受孩子的负面情绪，并引导孩子表达出来时，孩子就会放松很多，觉得自己是被理解的。

再次，家长安抚好孩子的情绪后，要寻找解决问题的方法。所有的处理都应该达到一个目的：保护孩子，安慰孩子，疗愈孩子。孩子和父母是独立的个体，父母无法永远陪伴孩子左右，也无法一

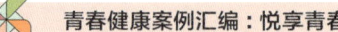

直为孩子做主。因此,父母最重要的教育责任是引导,培养孩子面对困难和自我保护的能力。比如:让孩子多运动,锻炼孩子的身体和意志;多鼓励,培养孩子的自信心和沟通表达能力;多引导,帮助孩子建立正确的价值观,做到不欺负别人,也不忍受别人的欺负,要学会说"不";告诉孩子,沉默往往会导致欺凌行为的再次发生,被欺凌时一定要勇敢抗争、大声呼救,同时应避免激怒对方,并采取相应姿势(如双手抱头等),保护头部等身体重要部位;让孩子认识到欺凌是违法行为,被欺凌后要及时告诉老师和家长,并注意搜集相关证据。

需要特别提醒的是,当孩子出现害怕上学、害怕出门、交友焦虑等情况时,家长应加以关注,及时发现相关问题,及早处理。

(谢嫣)

第四章 社交与安全

孩子被欺负，家长怎么办

青春故事

一天，妈妈接小陈放学时找到班主任："我儿子最近总是郁郁寡欢，我从其他同学和家长那里得知，他经常被欺负，有同学午餐时将没喝完的汤倒进他碗里，将他的作业本扔进垃圾桶，甚至把手工课没用完的双面胶粘到他的头发上……"她越说越激动，小陈则在一旁拉着妈妈的衣角，低着头，示意妈妈不要再说了。

班主任把满脸委屈的小陈带到心理辅导室。我先给了他一个拥抱，然后慢慢引导他讲述最近发生的事。说到伤心处，小陈哭了起来，说自己总是被欺负，学习成绩也不好，感觉自己很失败，是个没用的人。我劝慰他："你不吵架、不还手，不是因为你软弱，而是因为你是个善良的孩子，不想用暴力伤害别人。"待小陈情绪稳定下来后，我启发他回忆在学校、班级和家里的"小小成就感"时刻，引导他找到生活中的"闪光点"，让他认识到自己是受欢迎的、被需要的，而不是"失败""没用"的。我拉着他的手告诉他，以后如果还有类似的事情发生,应该第一时间告诉老师、家长,不要害怕,大家都会帮助他的。我还建议小陈加强体育锻炼,以强健体魄、提升自信,进而让内心变得更有力量。同时,班主任找到欺负小陈的同学,进行了严肃批评。

在校园内外,有些身体相貌有缺陷、性格内向胆小、缺少朋友的孩子可能会被欺负。其实,很多人在成长过程中都曾受到不同程度的欺凌。常见的欺凌类型有语言欺凌、身体欺凌、关系欺凌、网络欺凌等。

被欺负者,要学会求助

儿童青少年受到欺凌后,内心可能会产生羞耻感,担心把事情告诉家长和老师会遭到报复,认为没有人会帮助自己或大家都不敢帮助自己,有时会用"阿Q精神"安慰自己,有时想伺机报复。

如果孩子被欺负,家长首先要让孩子认识到,被欺负不是自己的错,而是欺凌者的错。其次,家长要帮助孩子建立自信,教会孩子做到以下几方面:被欺负时不要沉默,而要引起周围人的注意,寻求老师、家长或其他人的帮助,可记录事件全过程;日常生活中,适当远离欺凌者和欺凌多发地,并预设逃离路线;融入身边的"正向"群体;不要盲目报复,否则可能成为另一个欺凌者。

旁观者,也应有所作为

欺凌和被欺凌者占少数,大多数孩子作为旁观者,可能会害怕欺凌发生在自己身上,不知道怎么处理,或者觉得此事与自己无关。

第四章 社交与安全

实际上，每一次漠然旁观都会助长欺凌行为，旁观者自身也会产生消极情绪。家长应引导孩子了解欺凌行为对个体和集体的伤害，教导孩子遇到欺凌事件时，在保障自我安全的基础上，向家长、老师或其他成年人求助，平时亦可尽己所能帮助和温暖被欺凌的同学。

（张月华）

青春健康案例汇编：悦享青春

欺负人的孩子，也有"伤痛"

青春故事

初中生鸣鸣脾气暴躁，动辄冲动打人，是班里的"小霸王"。晓晓比较瘦弱、平时话很少，鸣鸣经常欺负他，如乱扔他的文具、书包，故意伸腿将他绊倒后哈哈大笑，等等。有一次，晓晓被欺负时稍有反抗，鸣鸣放学后就追打他，造成晓晓肋骨挫伤。事后，学校要求心理老师对鸣鸣和晓晓进行心理辅导。受到欺凌的是晓晓，为什么鸣鸣也需要心理辅导？他也受到伤害了吗？

欺凌者"画像"

校园欺凌，指在校园内外学生之间一方（个体或群体）单次或多次蓄意或恶意通过肢体、语言及网络等手段实施欺负、侮辱，造成另一方（个体或群体）身体和心理伤害、财产损失或精神损害等的事件。欺凌者通常有盲目的过高自我评价和自信，这种自我评价和自信又常与对他人的怀疑、低估或歧视相对应，构成了他们实施欺凌的重要心理条件。当然，不利的家庭及父母教养因素也会对欺

第四章 社交与安全

凌者产生影响,如父母惩罚、父母教养方式不一致、高压管教等。不对等的同伴关系也是不可忽视的影响因素:欺凌者通常会被正常的同伴群体拒绝,使他们在认知和情感上与正常的同伴群体相对立,又使他们因缺乏正常的同伴交往而不能习得恰当的行为模式,这些都会造成更大的社会适应问题,包括欺凌和攻击。

多数人认为,欺凌事件发生后,受到伤害或消极影响的只是受欺凌者。事实上,欺凌者在伤害他人的同时,自身也受到许多方面的消极影响:学业成绩及学习能力相对较低,伴随较高的学习焦虑,存在更多的学习问题;常常不受欢迎,在一般群体中具有较低的同伴地位;受不良行为习惯的影响,日后违法犯罪的概率较高。因此,对欺凌者也要给予足够的关注,帮助他们改变不良的行为方式,消除欺凌行为。

帮助欺凌者,要因人而异

不同的欺凌行为有不同的原因,老师和家长要采取不同的教育方式。

有些欺凌者,尤其是小学生,对欺凌行为及其伤害没有明确认识。他们喜欢给别人取外号,嘲笑别人的衣着、口音等,本意只是想寻开心,没想到给别人带来了伤害。对这些孩子,可以通过一些活动让他们明白什么样的行为是欺凌行为,危害有哪些。

有些孩子知道欺凌行为给他人带来了很大伤害,但缺乏移情能力,不能体会被欺凌者的痛苦。对这样的孩子,要提高他们的移情能力,可在"角色扮演"中,让欺凌者扮演受欺负的角色,让他体会欺凌行为的伤害,加深认识。

有些孩子因个性特点及缺乏必要的社交技能而产生欺凌行为，他们大多脾气暴躁、办事冲动，容易对他人的行为形成消极归因，动辄争吵、打架，不能和他人友好相处。对这些孩子，可以引导他们学会倾听、使用礼貌用语等，提高其对具体社会情景的理解能力，让他们懂得不要只关注敌意性线索，也要注意非敌意性线索。

还有一些孩子在学业上找不到优越感，但往往存在身体上的优势，故而通过欺凌行为赢得一些同伴的看重。对这些孩子，要引导他们把自己的身体优势转移到其他方面，如努力学习、积极运动、帮助他人等，以提高学业成绩、获得同伴地位。

（强丽君）

第四章 社交与安全

吸引初中生的"烟圈"

青春故事

"老师，小徐抽电子烟！"办公室的宁静被这急促的声音打破，三四名同学出现在门口，脸上浮现着发现新大陆般的激动，同时又透露着一种幸灾乐祸的表情。原来，小徐在楼梯间看见隔壁班的小施同学吐着各式烟圈，感觉新奇，也想试试，不料刚吸了一口，就被同学发现了。小施因父母工作忙而无人照看，网络是她放学后的"伙伴"。因为微信群里曾经有人发吸电子烟的视频，所以她便跟着学，还觉得这样做很酷。

少数初中生尝试吸烟，有多方面原因

初中阶段是吸烟的"诱发期"。少数初中生开始吸烟，原因比较复杂。一是进入青春期，心理上产生"成人感"，对各种事物充满好奇，凡事都想试一试；二是家庭成员有吸烟行为，家长未重视自身行为对孩子的影响；三是来自影视人物的影响，他们错误地认为吸烟是"成功""有学问""时髦""潇洒"的体现；四是同伴之间的影响，虚荣心作祟；等等。

有调查显示，近年来我国初中生尝试吸卷烟的比例明显下降，这与控烟宣传、公共场所禁烟等是分不开的；但是，初中生听说过电子烟的比例大幅上升，电子烟使用率显著上升，这与电子烟"无害""戒烟神器"之类的广告宣传不无关系。实际上，电子烟同样含有多种有害成分，对健康有害，也会使人成瘾；市面上各种不同口味的电子烟还额外添加了一些化学物质，它们也有可能对身体造成伤害。

引导孩子拒吸第一支烟，包括电子烟

吸烟不仅可导致肺癌、胃癌、卒中、心肌梗死等多种疾病，还会影响相关疾病的治疗效果，使人的寿命"打折"。处于青春期的孩子，身体各系统、器官还没有发育成熟，更容易受烟草危害。为了孩子的健康成长，家长必须引导孩子"拒吸第一支烟"，包括电子烟。

首先，父母应以身作则，不吸烟或及早戒烟，尽可能给孩子营造无烟的家庭环境。其次，父母可以跟孩子一起看"吸烟有害健康"方面的宣传片，让孩子真切地感受到吸烟对人的危害。此外，在日常生活中，父母还应该善于抓住合适的时机，引导孩子达成以下认识：吸烟不仅有损中学生的纯真形象，还容易与品行不端挂钩，根本不是"时髦""成功"的体现。

已经开始吸烟的青少年应尽早戒烟，可在父母帮助下制定戒烟计划。戒烟过程中应做到以下几点：扔掉所有烟草产品和烟具，少参加聚会，培养健康的生活方式，多运动，等等。在孩子戒烟的过

程中，家长应多鼓励和赞赏，增强孩子的信心。必要时，家长应带孩子寻求专业人士的帮助，如到医院的戒烟门诊咨询等。

希望所有的孩子不受烟草危害，做健康、文明的一代新人。

（张进学）

青春健康案例汇编：悦享青春

青少年"举杯"须谨慎

青春故事

思源妈妈最近有点烦恼。他们一家三口和爷爷奶奶住在一起，思源爸爸和爷爷晚饭时经常小酌一杯，聊聊工作和生活。思源渐渐长大，有时会对爸爸和爷爷喝的"饮料"有点好奇。最近，老爷子开始放松警惕，说男孩子总要尝试一下的，在家里喝点没事，于是就让思源陪着喝上一两口。思源妈妈觉得不妥，不知道是不是自己太敏感了。

随着年龄增长，青少年逐步形成自己的"朋友圈"，除了参加家庭和亲友聚会外，也常常与同学、朋友聚会。有"宴"就有"酒"，尤其对男孩而言，饮酒似乎是走入社会、走向成熟、彰显男性魅力的重要表现。一项对北京、上海、广州三地青少年饮酒状况的调查显示：青少年饮酒现象普遍存在，超过一半（52.5%）的中学生曾经喝过酒，且15.0%的中学生喝醉过；同时，青少年饮酒还存在低龄化现象，在饮酒的中学生中，26.5%在10岁以前就尝试过饮酒。青

第四章 社交与安全

少年"把酒言欢"背后,将付出怎样的健康代价呢?

代价1:器官功能受损,生长发育受影响

饮酒后,90%以上的酒精将在小肠中被吸收,进入血液中的酒精,除极少数(约10%)通过尿、汗和呼吸排出外,90%要经过肝脏代谢。

青少年发育尚未完全,各器官功能不完善,对酒精的耐受力更低,肝脏"解酒"能力更差,如果经常饮酒,更容易引发酒精中毒及器官功能损害,可能增加未来患肝硬化、胃癌、心血管病等疾病的风险。同时,长期饮酒所导致的代谢改变,还可引起蛋白质、维生素及矿物质缺乏,影响生长发育。

代价2:中枢神经系统受伤,学习能力降低

少量饮酒时,人会出现"丧失理智"和"难以克制"的情况,表现为所谓的"兴奋"现象,并有头晕、恶心、呕吐等症状。大量饮酒可导致语无伦次、步履不稳、动作不协调、嗜睡、昏迷等症状,严重者可因呼吸中枢麻痹而死亡。

青少年的神经系统尚未发育成熟,即使一次少量饮酒,也容易对神经系统产生损害。青春期是脑容量扩充、学习和认知能力飞速发展的时期,在这一时期过量饮酒,将造成脑容量减少和脑发育不良,导致注意力分散、记忆力减退、学习能力降低等。

代价3:情绪和行为失控,成瘾及精神障碍

青少年自制能力差,酒后容易行为失控,导致应付愤怒、焦躁

或沮丧等情绪的能力下降，与家人、朋友沟通的能力也大受影响。青少年酒后的这些变化，可诱发各种事故，如暴力伤害、交通事故、自杀等。

研究发现，开始饮酒行为的年龄越小，将来酗酒、酒精成瘾的可能性越大。而长期、大量饮酒引起神经系统广泛和严重损害，可导致各种精神障碍，包括成瘾、戒断综合征、焦虑、抑郁等。

代价4：烟酒"同行"，危害加倍

吸烟和饮酒常如影随形。有调查发现，吸烟的青少年往往饮酒，而饮酒的青少年大多吸烟。烟、酒"同吸同饮"的危害更大。

许多研究表明，烟、酒可能成为导致青少年滥用药物、毒品的入门物质。在烟、酒共同刺激下，一些青少年的心理防线不断瓦解，各类违禁药物甚至毒品很有可能乘虚而入，最终导致违法犯罪行为。那时，悔之晚矣！

为了身心健康，青少年请慎重"举杯"，自觉不饮酒。同时，长辈们不要给孩子传授所谓的饮酒经验，不要在孩子面前饮酒，不要给孩子尝试饮酒的机会，更不要迁就孩子饮酒的要求。

（周祥俊）

第四章 社交与安全

让孩子远离网络色情

青春故事

一位妈妈最近困惑不已：我儿子今年16岁，有一天我进入他房间时，发现他正在浏览色情网站。听到有人推门进来，他迅速关掉了网页，脸涨得通红。面对这种情况，我该怎么做？

如今，网络已成为青少年生活中的"必需品"，是他们学习知识、展现自我、沟通交流的平台，但网络上的暴力、低俗、色情等不良信息也会给青少年的成长带来许多风险。

一些青少年沉迷于网络色情信息中难以自拔，与青春期的生理和心理发展特点有关。这一时期，青少年的性发育逐步成熟，性意识开始出现，充满了对性的好奇、幻想和冲动，开始关注异性，希望自己对异性有吸引力，同时也很想知道性到底是什么，想探索和尝试。然而，由于性知识的获取渠道不通畅，促使一些青少年利用其他途径获得相关信息，包括通过一些不良网站寻找答案。同时，这一阶段的孩子处于"半成熟半幼稚"状态，自我意识增强，渴望尝试新事物，但辨别能力和社交安全意识不够。

网络色情，伤害有多深

迷恋网络色情信息对青少年最直接、明显的影响是荒废学业。有研究表明，青少年越频繁地观看网络上的色情内容，对性的兴趣就越强烈，越会注意力分散。

色情图片、视频等宣扬的是畸形、不真实、过分渲染的性行为，会误导青少年对性的认知，可能导致青少年过早发生性行为，以及尝试高风险、暴力性行为，甚至走向性犯罪。

一些有组织的色情制造和传播者利用网络聊天、偷拍淫秽视频等方式，诱骗青少年提供或购买性服务，对青少年的人身安全构成威胁，甚至危及青少年的生命安全。

引导孩子不受网络色情伤害

首先，关于性知识，父母要弄清楚孩子在想什么、想了解什么、已经知道些什么，有针对性地提供科学、健康的信息，适时开展相应的性健康教育，帮助孩子形成正确的性观念。无知意味着危险，父母对性话题的羞耻感和回避态度，会放大色情信息对青少年的伤害。

其次，父母要教孩子学会甄别网络信息，告诉孩子什么是色情信息，与孩子一起讨论网络色情信息的危害。父母可以告诉孩子，如果上网时不小心遇到色情信息，应立刻关闭页面或电脑；如果曾经接触过色情信息，可以告诉父母或信任的成年人，寻求理解、关爱和支持。

第三，父母应引导孩子自觉遵守上网规则，有效控制孩子的上网时间及浏览内容，禁止孩子登录含有不良信息的网站，教导孩子学会控制自己的欲望。

第四，父母要做好表率，不沉迷于网络，规范自身使用网络的行为，营造和谐、温馨、健康的家庭生活氛围，多组织户外运动、看电影等家庭活动。

（李琳）

青春健康案例汇编：悦享青春

性骚扰离我们有多远

青春故事

我是上海市阳光社区青少年事务中心黄浦工作站的社工，工作中经常会听到来访孩子这样的诉说：

"妈妈一直对我说，只要远离那些陌生人，危险就会离我远远的。她还说，被性骚扰的都是那些长得苗条、漂亮的女孩子，而我长得一点都不好看，所以不用担心。可是，为何我会遭遇地铁'咸猪手'呢？"

"我没想到自己会被性骚扰，我可是个男人啊，怎么会有人向男人下手呢？我很沮丧，想找兄弟们聊聊，但他们都嘲笑我，认为我在开玩笑……"

性骚扰离我们并不遥远

近年来，性骚扰事件频频发生，经常被送上"热搜"。看到这些信息，很多青少年或许会认为：这和我有啥关系？我又不会遇到这种事情，性骚扰离我很遥远。

我们还发现，有些青少年在遭遇性骚扰后不自知，他们错误地

第四章 社交与安全

认为：只有强迫性身体接触才属于性骚扰的范畴；只有漂亮女生才会遭遇性骚扰；只要小心防范陌生人，就能规避性骚扰；只要是男女朋友，就可以随便"亲亲抱抱"；等等。而这些观点，很多来自家长的错误引导。

改变观念，科学引导

生活中经常"无声"地上演着一些性骚扰事件，家长应该如何引导孩子学会预防和应对性骚扰呢？

首先，在日常生活中，家长应培养孩子的自我保护意识，传递这些观念：身体是属于自己的，他人不能随意触摸，你也不能随意触碰他人的隐私部位；不要帮坏人保守秘密；学会说"不"；出门在外要小心；不要被对方的外表、身份所欺骗；警惕陌生人的食物、饮料等；着装不要过于暴露；慎重交友，把握分寸。

其次，家长要清晰、全面地了解性骚扰的范畴，给孩子正确的引导，让孩子认识到，除身体接触外，言语骚扰、非言语骚扰、短信或电子邮件骚扰、性索贿或性要挟、自我暴露、偷窥等，都属于性骚扰的范畴。简单地说，性骚扰不仅仅局限于身体上的接触，一些不礼貌且带有性意识的语言、动作、声音等，令他人产生不舒服、不安、焦虑、尴尬、受侮辱、不被尊重的感受，都属于性骚扰。

第三，家长在日常教养时切忌有性别上的偏见。在现实生活中，不仅是女孩，男孩也可能受到性骚扰，甚至性侵害。对于被骚扰的男孩而言，倾诉和求助往往"难以启齿"，使他们所受的伤害变得更为隐蔽。

第四，性骚扰的实质是未经同意而发生的与性有关的语言、行为等。家长应该就"同意"一词做出详细的解释,告诉孩子:没有明确拒绝不代表同意;之前同意不代表现在同意;情侣关系不代表同意;穿着性感、答应一起唱歌或跳舞等不代表同意;有些人或许无法明确表示自己的意见,也不代表同意。

第五,家长要教会孩子预防和应对性骚扰的方法。比如:日常生活中应保持警觉,远离某些人和场合;遇到性骚扰时要镇定并勇敢反对,言语要简单直接(如不好、不行、走开等),声音要大,态度要坚决,应抬头直视对方,表露出愤怒和厌憎的神情,立刻转身离去或利用人群力量吓退骚扰者。家长还应该告诉孩子,如果受到性骚扰,要向信任的人倾诉或寻求帮助,必要时应果断报警。

最后,需要特别强调的是,如果孩子受到性骚扰,家长一定要告诉他,这不是他的错,千万不要因为他人的错误而惩罚自己,一定要学会爱自己。只有勇敢地站出来,发声、反抗,才是应对性骚扰的最佳方式。

(叶沁)

第四章 社交与安全

"穿上防护服",预防儿童性侵犯

青春故事

在一场青春健康培训后,小丽偷偷找到了主持人,欲言又止。主持人察觉有些不对,慢慢地和小丽聊起最近的生活和学习,她才渐渐吐露实情。原来,她最近回家路过小花园的时候,经常遇到一个叔叔,很亲切很热心地跟她搭话,问她学校里的事情。有时候叔叔会抓住她的手,靠在她的肩上,有时候甚至还会碰到她的胸部。她觉得很不舒服,但又想着家长和老师说的"要有礼貌",不知道该怎么办。

近些年,关于儿童遭遇性侵犯的事件时有报道,引起了家长们的关注和对儿童性教育的重视。

根据世界卫生组织1999年在预防虐待儿童项目中的定义:儿童性侵犯是发生在儿童和一个成人或另一个儿童之间的,以性为本质的活动,双方在年龄和发育方面存在不同,一方利用这种不对等的责任、信任或权力关系满足自己的性欲望需求。主要包括五方面:一是用身

体某个部位直接接触儿童的隐私部位及其他部位，如用生殖器官接触儿童的生殖器官，用手等部位触摸儿童的生殖器官和（女孩）胸部等；二是间接接触儿童的隐私部位，如看儿童的生殖器官和（女孩）胸部；三是让儿童直接接触其他人身体的生殖器官和隐私部位；四是让儿童观看有裸体成人镜头的电影、视频和图片等；五是对儿童使用带有性意味的词汇或话语。

这些认识误区，你有吗

误区 1

男孩不会遇到性侵犯。

虽然大部分受害者是女孩，但男孩也可能遭受性侵犯。一旦遭遇这种情况，受害者担心没人会相信，再加上自尊心强，所以不愿诉说，所受的身心伤害可能更大。

误区 2

孩子小，不会遇到性侵犯。

大到成人，小到出生数月的婴儿，均有可能受到性侵犯。据统计，近年来儿童性侵犯案件频频发生，正成为一个日益严重的社会问题。

误区 3

无身体接触，不算性侵犯。

蛊惑孩子玩"医生和病人""脱裤子"等游戏，让孩子裸露身

第四章 社交与安全

体,看自己或他人的身体隐私部位等,均是对孩子的伤害。此外,对孩子说一些带有性暗示的言论或笑话,让孩子感觉到侮辱或不舒服、不安心,也属于性侵犯。

误区 4

性侵犯者主要是陌生人和有着"坏人"模样的成年男性。

实施性侵犯的可能是任何人。研究显示,对青少年和儿童实施性侵犯的往往是他们认识、熟悉或信任的人,可能是亲戚、家长的朋友,甚至老师,可能是异性,也可能是同性。值得注意的是,相当比例的性侵犯者是未成年人。

误区 5

在白天、人多的地方不会发生。

任何时间,任何地点(包括学校、工地、电梯间、商场、电影院、公交车等公共场所,以及树林深处、夹道小巷、公园假山等僻静之处),均可能发生性侵犯。

这些性安全教育要点,你知道吗

父母是预防儿童性侵犯的第一责任人,要善于抓住教育时机:在孩子年幼时,可以利用绘本、故事、动画、情景剧等形式;待孩子大一些,可以通过生活中的案例或媒体上的信息,自然地与孩子讨论预防性侵犯的话题。教孩子"穿上防护服",学会保护自己的身体不受侵犯,父母应重点传递以下知识:

❶ 认识隐私部位

隐私部位不允许他人故意触摸和侵犯,只有最亲近的看护人(爸爸妈妈、爷爷奶奶)或医生、护士,在帮你洗澡、擦屁股、换衣服或生病去医院检查时，才允许看。

❷ 识别危险信号

当有人以"喜欢你"为由故意贴近或接触，令你感到不舒服时，要学会拒绝，无论对方是谁；遇到有人拿东西诱惑或有陌生人搭讪等情况时，立即离开；不要吃或喝陌生人递送的零食、饮料；遇到性侵犯时，要保持冷静，设法离开，或向周围人求救，同时注意不要激怒对方，首先要保护自己的生命安全。

❸ 把握无伤害原则

既要保护好自己的身体，也要尊重别人的身体，不伤害他人。

❹ 懂得寻求帮助

在遇到性侵犯事件后，要在第一时间向自己最亲近、信赖的人求助，或报警；不仅要有求助的勇气，还要有把事情描述清楚的智慧；知道那不是自己的错，要相信父母一定是自己最坚固的保护伞。

（盛叶华　李琳）

第四章 社交与安全

网络交友,请保护好自己

青春故事

小依今年18岁,性格内向。在她小时候,父母就离婚了,她由父亲抚养。在学校,小依因身材较胖而缺乏自信,很少与同学交流,总是独来独往。在家中,小依与爷爷奶奶一起生活,父亲忙于工作,很少关心她。进入青春期之后,网络成了小依的朋友,今年她认识了一个网友,她感觉全世界只有这个网友是了解自己的。前不久,她和网友见面后,偷吃了禁果。

心怀忐忑的小依在网上查询了避孕相关知识,算了一下,自己处于安全期,且事后及时进行了冲洗,以为很安全。结果一个多月后,因月经迟迟未来,她发现自己怀孕了,迫不得已才向家长吐露了实情。经历人工流产后,小依身心俱伤,常常以泪洗面。

网络交往,有虚幻性、欺骗性

接到小依家长的求助后,我了解了相关情况,首先针对性地教给小依一些青春期、性与生殖方面的知识，特别对小依从网上了解的一些错误信息进行了纠正，为她提供了一些有关性知识方面的资料和物品。

其次，我告诉小依，网络交往太过虚幻，欺骗性也很强，在网络身份背后的真实人性对青少年来说很难认知和界定。我鼓励她加强与外界的联结，打开心扉，认识真实的社会和人，减少对网络的依赖。

针对家长的家庭教育，我传授了一些亲子沟通的方法，如倾听法、共赢法等，引导家长增强与小依的沟通，更多地了解、理解孩子，及时疏导孩子的负面情绪，帮助孩子健康成长。

家长要引导、监督，青少年要自我保护

如今，互联网已成为青少年学习知识、获取信息、交流沟通、娱乐休闲的重要方式和途径。但是，在使用网络游戏平台、社交平台和短视频平台的过程中，可能衍生出一系列风险因素，使部分青少年受到不良信息影响甚至违法侵害，部分青少年沉迷于网络，由此引发的青少年与家庭、学校、社会之间的矛盾日益突出。

网络时代，家长和学校应尽到引导和监督义务，为青少年身心健康保驾护航：教育、引导青少年增强个人信息保护意识和能力，了解个人信息安全风险；开展多种形式的性与生殖健康教育，传播科学的知识，减少网络错误信息对青少年的影响；防范青少年接触危害或可能影响其身心健康的网络信息。家长尤其要重视与孩子之间的沟通，关注孩子的身心状况、行为习惯和上网情况，发现异常后及时干预。

第四章 社交与安全

青少年也要学会信息甄别和自我保护。网络信息良莠不齐、人员鱼龙混杂,青少年要科学使用网络,更多地投身于现实生活。同时,要注重培养健康的生活习惯,这也有助于避免网络危害。

（潘祎）